Michele Cassou

Kinderspiel

Raum schaffen für die kindliche Kreativität

Meinen Enkelinnen
Nina und Lea
in Liebe

Michele Cassou

Kinderspiel

Raum schaffen für die kindliche Kreativität

Übersetzt von Paro Christine Bolam

Arbor Verlag
Freiburg im Breisgau

Die Originalausgabe erschien unter dem Titel:

Kids Play. Igniting Children's Creativity

1. Auflage 2014

Titelfoto: © Michele Cassou

Fotos und Illustrationen im Innenteil: © Michele Cassou

Lektorat: Barbro Garenfeld

Satz und Layout: Franz-Josef Büning

Druck und Bindung: Kösel, Krugzell

Dieses Buch wurde auf 100 % Altpapier gedruckt und ist alterungsbeständig.

Weitere Informationen über unser Umweltengagement finden Sie unter
www.arbor-verlag.de/umwelt.

www.arbor-verlag.de

ISBN 978-3-86781-094-4

Inhalt

Dieses Buch ...

Ich habe dieses Buch aus Liebe zu Kindern und ihrer kreativen Energie geschrieben. Mit Kindern zu malen hat mir geholfen, mich in aller Tiefe auf meine kreative Leidenschaft einzulassen, und ich möchte ihnen die Schätze zurückgeben, die ich dabei entdeckt habe.

Das Buch offenbart, dass Kreativität in ihrer Essenz auf *Spiel* und *Selbstausdruck* beruht. Es weist auch auf die *immens wichtige Rolle* hin, die Eltern und Lehrer als Begleiter und Katalysatoren spielen, und zeigt, wie sie dazu beitragen können, Hindernisse zu beseitigen und die kreative Stärke der Kinder *anzustoßen*. *Kinderspiel* ist eine Darstellung der Point Zero-Methode in Bezug auf die Kreativität von Kindern. Sie wurde entworfen, um Kindern die wunderbare Möglichkeit zu bieten, *Malen als einen Prozess der Erforschung* zu erleben. Die einzigartige Point Zero-Methode behütet die natürliche Kreativität von Kindern und hat zum Ziel, ihr Potenzial zu entfalten. Eltern und Lehrer werden in diesem Buch erfahren, wie sie die direkte Verbindung zwischen einem Kind und seiner kreativen Kraft wiederherstellen, wenn sie verlorengegangen ist, und damit seine schöpferische Freude erneut wecken können.

Wird die Kreativität der Kinder angeregt, so dass sie jeden Aspekt ihres Lebens erreicht und beim Heranwachsen ihr inneres Potenzial und ihre *Selbstsicherheit* unterstützt, fördert sie direkt ihren *Selbstwert* und ihre *Eigenständigkeit*. Die Point Zero-Methode lehrt die Kinder, ihre Gefühle zu verkörpern, sich authentisch zu zeigen, wie sie wirklich sind, und ihre Welt zu erforschen.

Die in diesem Buch entwickelten Grundprinzipien sind:

- Kreativität als *Spiel, Abenteuer und Selbstausdruck*
- Kreativität als *Prozess, nicht als Produkt*
- Die Rolle von *Intuition und Spontaneität* als Brennstoff der Schöpfung
- Kreativität als Hilfsmittel, um das Leben der Kinder zu erweitern.

Geschrieben für Eltern und Lehrer, erklärt *Kinderspiel*, wie der kreative Prozess funktioniert. Es erforscht, in welchem Kontext Kreativität am meisten aufblüht, und schlägt darüber hinaus vor:

- Was Eltern und Lehrer während der verschiedenen kreativen Stadien tun können.
- Was vermieden werden sollte, um die kreative Inspiration der Kinder zu schützen.
- Wie Erwachsene die Begleitung von Kindern als einzigartige Gelegenheit erfahren können, ihre eigene Kreativität wiederzuentdecken.

Dieses Buch zeigt, wie kostbar Kreativität für Kinder ist, und wie man Kinder mit klarem Verständnis und praktischer Kommunikation wirklich unterstützen und stimmig begleiten kann.

Wenn Sie wollen, dass Ihre Kinder mit Herz und Seele kreativ sind – und wenn Sie wissen wollen, was Kinder wirklich brauchen, um bleibend kreativ zu werden –, dann lesen Sie die Geschichten in diesem Buch. Ihr erweitertes Verständnis und Ihr wachsender Respekt vor der Kreativität Ihrer Kinder wird Sie zu einem Hüter ihres heiligen schöpferischen Raums machen.

KAPITEL EINS

Ein magischer Kontext für den kreativen Prozess

Dieses Kapitel inspiriert Eltern und Lehrer, einen *verständnisvollen und sicheren* Kontext für die Kreativität der Kinder zu schaffen, indem sie

- **die Rolle der Kreativität im Leben eines Kindes erforschen.**
- **die wichtigsten Hemmnisse von Kreativität betrachten.**
- **sich mit der Point Zero-Methode vertraut machen.**
- **einen magischen und sicheren Ort schaffen, an dem Kinder malen können.**
- **ihre eigene Rolle und Verantwortung bei der Entwicklung des kreativen Prozesses kennen lernen.**
- **sich mit ihren eigenen *Themen* in Bezug auf Kreativität befassen.**

Wie ich begann, mit Kindern zu arbeiten

Wahrheiten sind der Köder,
der das Herz lockt.
RUMI

Die Entdeckung meiner kreativen Leidenschaft mit Anfang zwanzig war ein Wendepunkt in meinem Leben. Ich war begeistert, eine derart kraftvolle Verbindung zwischen Kreativität und Selbstausdruck zu finden, und fühlte mich sofort berufen, anderen von meiner Erfahrung zu erzählen und sie anzuregen, das Malen ebenfalls zu erforschen. Ich dachte, die Freiheit vom Ergebnis sei der Schlüssel zur kreativen Kraft und diese Erkenntnis sei genug, um mit dem Unterrichten zu beginnen. Aufgeregt hieß ich eine kleine Kindergruppe in einem provisorischen Atelier willkommen, das ich in meiner Wohnung eingerichtet hatte, und startete damit, ohne es zu wissen, meine lebenslange Lehrkarriere.

Zu meiner Bestürzung musste ich bald entdecken, dass meine Begeisterung nicht genügte, um die Ausdruckstiefe und die Freude am schöpferischen Tun in den Kindern zu wecken. Besonders herausfordernd fand ich die Tatsache, dass sie so leicht unruhig, gelangweilt oder selbstkritisch wurden. Die Tatsache, dass die Kinder diese wunderbare Gelegenheit, frei zu sein und sich auszudrücken, nicht ergriffen, gab mir Rätsel auf. Ich hatte offensichtlich noch einiges zu lernen. Ich musste das Unterrichten genauer untersuchen und meine Grundannahmen über den kreativen Prozess infrage stellen. Ich hörte den Kindern achtsam zu – hörte, was sie sagten und noch mehr, was zwischen den Zeilen stand. Ich beobachtete aufmerksam ihre Malgewohnheiten, Bedürfnisse und Sehnsüchte. Und ich beobachtete wachsam das Geheimnis meines eigenen Malprozesses.

Auf meinem Entwicklungsweg als Lehrerin machte ich viele Fehler. Einige meiner Interventionen, die auf einem unvollständigen Verständnis ba-

Nur ein einziger Apfel für den ganzen Kurs

sierten, führten zu Problemen: Zum Beispiel, wenn ich versuchte, die Kinder in die Freiheit zu drängen, als sei das eine Grundvoraussetzung, anstatt sie zu inspirieren, frei zu sein; oder wenn ich versuchte, die Kinder dazu zu bringen, ihre Bilder fertigzustellen, als sei das eine Regel. Jedes Mal, wenn ich sah, dass ihnen meine Interaktionen etwas von ihrer Freiheit und ihrer Selbstsicherheit nahmen, brach es mir das Herz und verlieh der Entwicklung meiner eigenen Lehrmethode große Dringlichkeit.

Ich begann zu erkennen, wie die *Intelligenz* der Kreativität funktioniert und dass alles, was sie ausmacht, aus dem Kind selbst kommen muss. Kreativität musste als Spiel, als Abenteuer und Selbstausdruck angeboten werden. Ich musste damit aufhören, den Kindern Druck zu machen oder ihnen meine Erwartungen aufzuerlegen. Gleichzeitig aber durften die Grundprinzipien der Kreativität nie kompromittiert werden. Es wurde klar, dass der kreative Prozess nicht als eine Technik unterrichtet werden kann, weil er ein *lebendiger Prozess* ist. Meine Intuition und mein Herz waren gefragt – nicht meine Vorstellungen davon, was richtig war. Ich musste biegsam werden, offen, stark im Verständnis meiner eigenen Kreativität. Innerhalb weniger Jahre entwickelte ich eine Methode, die sich auf den *Prozess* und nicht auf Techniken stützt.

Diese Methode setzt die Bewegung der Kreativität in einen größeren Kontext, der das Herz und die Seele mit einschließt und den langfristigen Nutzen für die Kinder im Auge behält. Dieser Ansatz erlaubte es den Kindern, sich auf einen echten Prozess einzulassen, ihren Selbstausdruck zu finden und der Kreativität in ihrem Leben eine solide Basis zu geben, eine Erfahrung, die sie nicht vergessen konnten.

Als es mir das erste Mal gelang, ein kleines Mädchen zu seiner kreativen Leidenschaft zu führen, sah ich die Zartheit in seinem Blick, und meine Freude war grenzenlos. Es schaute mich an, als sei ich eine kostbare Freundin. Innerhalb weniger Wochen traten die anderen Kinder eines nach dem andern in seine kreativen Fußstapfen und ließen ihre Ängste und Sorgen gehen. Aus ihrer Sicht war die traditionelle Lehrerin verschwunden. Ich war für sie zu jemandem geworden, auf dessen Unterstützung und Leitung sie sich verlassen konnten, und diese Rolle beglückte mich.

Diese Lehrmethode ist eine sanfte Prozessbegleitung von Kindern auf ihrer Reise *zu sich selbst*. Wenn ein Kind sein inneres Wesen erreicht und sich selbst ausdrückt, öffnet sich sein Herz. Wenn es nicht nur akzeptiert, sondern für das geschätzt wird, was es ist, gibt uns das Kind etwas zurück.

Bald vertrauten die Kinder darauf, dass ich sie verstand und in guten wie in schlechten Zeiten bei ihnen bleiben würde. Das erste Zeichen ihres Vertrauens war oft, dass sie mich „aus Versehen“ Mama oder Papa nannten, oder mit dem Namen eines Menschen ansprachen, dem sie sich nahe fühlten. Manchmal wurde ihnen diese Verwechslung bewusst und sie lächelten verlegen hinter vorgehaltener Hand, aber oft merkten sie es gar nicht. Ihre Furcht war verschwunden, das Atelier war zu einem wahrhaft sicheren Ort für sie geworden und ihre Kreativität konnte endlich erblühen.

Kreativität gehört den Kindern

„Das Schönste, was wir erleben können, ist das Geheimnisvolle. Es ist das Grundgefühl an der Wiege wahrer Wissenschaft und Kunst."

ALBERT EINSTEIN

Wenn Kleinkinder beginnen, mit Spielzeug oder Buntstiften zu spielen, lauschen und vertrauen sie auf sich selbst. Eifrig folgen sie ihren Instinkten und ihrem Drang, die riesige Welt, in der sie gerade neu angekommen sind, zu erforschen. Mit erstaunlicher Freiheit scheinen sie dem inneren Strom ihrer Kreativität zu folgen. Wir Erwachsenen beobachten nur zu gerne die Leichtigkeit und Entdeckerfreude der Kinder und staunen über ihren direkten Kontakt zur Schöpfung.

Bleiben sie ungestört, erschaffen Kinder nur aus spielerischer Freude und der Lust am Erfinden – nie, um ein vorgegebenes Resultat zu erzielen. Ihr schöpferisches Tun entspringt dem Zentrum ihres Seins, einem inneren Raum, der noch nicht verunreinigt oder konditioniert ist, und der keine Einflüsse oder Begrenzungen in Bezug auf Form oder Inhalt duldet. Diesen Raum nenne ich Point Zero oder Nullpunkt: In ihm *zählt nur das Tun selbst*. Point Zero, die Quelle der Schöpfung, steht für das immense Potenzial in jedem Kind und ist von Anfang an vollkommen lebendig und gegenwärtig.

Aus der Quelle geboren, bietet die kreative Kraft den Kindern ein wunderbares Werkzeug, um ihr Bedürfnis zu erfüllen, sich auszudrücken, zu wachsen und ihre Welt zu erforschen. Doch schon bald zieht die durch Kritik oder im Schulunterricht gebildete Vorstellung, es gäbe gute oder schlechte Ergebnisse, in das Leben eines Kindes ein. Diese Vorstellung erzeugt eine Trennung und führt zu einem inneren Kampf zwischen dem Kind und seinem kreativen Spiel. Wenn dieser Zwischenschritt mit seinen Erwartungen eintritt, *werden die Kinder gedrängt, Regeln und Vorgaben zu folgen, anstatt auf ihre Intuition zu hören*. Die wahre Quelle der Schöpfung wird verlassen und die kreative Leidenschaft geht verloren. Die Verbindung zu Point Zero zerreißt, und Kreativität wird zu einer mentalen Aktivität; die Kinder beginnen, um Inspiration zu ringen, und der Leistungsdruck beginnt.

Kreativität verweilt nicht nur im Geheimnisvollen, sie ist zugleich sehr praktisch. Wenn Kinder durch Kreativität lernen, auf sich selbst zu hören, lernen sie auch, für sich selbst zu denken und ihren Gefühlen zu vertrauen. Intuition ist eine weise, starke und authentische Stimme, die Kinder dazu anleitet, sich selbst zu vertrauen und auszudrücken. *Intuition ist die Bewegkraft der Kreativität*, sie ist der Brennstoff der Inspiration und des Selbstausdrucks. Kinder, die ihre Intuition nutzen, werden eigenständig. Sie entwickeln Selbstwert und Selbstsicherheit, und das fördert ihre Fähigkeit, in der Welt zu leben.

Kinder müssen entdecken, dass das, was sie ausdrücken wollen, *schon in ihnen* steckt: ein grenzenloses Potenzial des Spielens und der Inspiration. Sie müssen entdecken, dass ihnen hier niemand etwas beibringen muss und dass Kreativität ein Raum ohne Grenzen ist. Der Glaube, sie bräuchten Modelle und Anleitungen, um schöpferisch zu sein, macht sie abhängig und sie verlieren die Gewissheit darüber, wer sie sind und was sie fühlen.

An diesem Punkt haben Eltern, Lehrer und andere Erwachsene eine wichtige Rolle zu erfüllen. Sie können den Kindern helfen, die endlose Quelle der Leidenschaft zu erhalten, die es ihnen ermöglicht, alles, was in ihrer Welt und ihren Träumen auftaucht, ohne Angst zu erforschen.

Es ist ein großes Geschenk, Kindern zu zeigen, wie sie ihre spontane Intuition nutzen und respektieren können, und ihnen zu helfen, die magischen Überraschungen der Kreativität zu entdecken: einer Kreativität, die aus einer reinen, intimen Quelle strömt, aus Point Zero, dem Nullpunkt tief in ihnen selbst.

Die Point Zero-Methode

Die Point Zero-Methode vermag es, Kinder von der Angst vor dem schöpferischen Ausdruck zu befreien und ihr kreatives Potenzial zu erfüllen. Sie spricht die Ängste und Sorgen der Kinder in allen ihre Aspekten an und unterstützt sie dabei, ihre Inspirationen und Antworten in sich selbst zu finden. Sie wendet sich an den *ganzen Menschen* und kann angestrengte oder unkreative Kinder zu sich selbst, ihrem eigenen Leben und ihren eigenen Gefühlen zurückbringen.

Kinder fühlen sich von den Leistungsansprüchen und Erwartungen der Erwachsenen stark unter Druck gesetzt, und dieser Druck behindert die volle Aktivität ihrer Intuition. Kinder brauchen Freiheit, um ihrer kreativen Kraft zu begegnen – Freiheit in einem strukturierten und geordneten Umfeld, in dem das Geheimnis und die spielerische Seite der Kreativität erwünscht sind und verstanden werden. In einem solchen magischen Kontext entwickeln Kinder ihre Fähigkeit, aus der Quelle ihrer Intuition – Point Zero – zu schöpfen und sie für ihren schöpferischen Ausdruck zu nutzen. Besteht die Erlaubnis, spontan zu sein, entdecken sie, wie sie in ihrer Arbeit wirklich erfinderisch und authentisch sein und ihre Einzigartigkeit entwickeln können. Sie lernen, ihren Selbstausdruck und ihre Erforschung der Welt mit der Kraft ihres Herzens zu betreiben.

Wenn Kreativität auf *traditionelle Weise* gelehrt wird, braucht es ein besonderes Talent, um Kunst zu machen, und alles zielt darauf ab, ein Meisterwerk zu produzieren. Dieser Ansatz kann dazu beitragen, Techniken zu entwickeln, dient aber nicht dem Wohl des Kindes. Hier müssen die Kinder Regeln befolgen und realistische Bilder erschaffen, und das macht die Kreativität zu einem weiteren Lernobjekt mit Ansprüchen und Begrenzungen, das ihnen wenig Freiheit bietet zu erfinden, zu träumen und sich auszudrücken. Viele Eltern wählen diesen Ansatz, weil sie realistische Abbildungen eher verstehen und glauben, den Fortschritt ihres Kindes am Erlernen praktischer Techniken wie Perspektive und Struktur messen zu können. Ein solcher Ansatz entfernt die Kinder jedoch immer weiter von ihrer kreativen Inspiration, weil ihre Spontaneität und Intuition kaum genutzt werden. Er orientiert sich hauptsächlich an der Leistung und weniger am Erfindungsreichtum des Kindes. Schöpferisch zu sein hat hier damit zu tun, eine Fähigkeit zu erwerben, und wird vom Erfolgs- und Versagensdruck geleitet. Wird Kunst auf diese Weise unterrichtet, erschaffen die Kinder mithilfe des Kopfes und jeder Schritt wird im Voraus entschieden und geplant, immer mit dem Ergebnis im Sinn. Kein Wunder, dass so viele Kinder den Mut verlieren! Ihrer Originalität und ihrem kreativen Potenzial wird nur sehr wenig Raum gegeben. Die Freude am kreativen Abenteuer geht ebenso verloren wie die kostbare Möglichkeit des eigenen Selbstausdrucks.

Betrachten wir die Kreativität jedoch als Mittel zum Ausdruck von Gefühlen, dann *verlangt das künstlerische Tun Spontaneität und Freiheit.* Reine Kreativität und Selbstausdruck gehören zusammen. Wenn Kinder die Freiheit erhalten, beim schöpferischen Tun ihrem Herzen zu folgen, drücken sie sich spontan selbst aus. Gefühle und Emotionen sind im Herzen gespeichert, und sobald es ihnen erlaubt ist, sich zu zeigen, werden sie das nur zu gerne tun. Beim spontanen schöpferischen Tun geschieht das wie von selbst, als hätten die Gefühle ungeduldig auf diese Gelegenheit gewartet. In einem sicheren Kontext kann die Intuition fließen, und die Kinder erlauben es ihren Gefühlen, die Form und Farbe anzunehmen, die im jeweiligen Moment gebraucht wird.

Die Kraft und die Intelligenz der Kreativität werden immer das ausdrücken, was gerade am meisten gebraucht wird. Kreativität bringt Balance und Harmonie in das Leben der jungen Maler, lindert den Druck des Heranreifens und erlaubt der Intuition, zu einer aktiven Kraft in ihrem Leben zu werden.

Indem wir den Kindern einen stimmigen Kontext für das schöpferische Tun bieten, helfen wir ihnen, die Quelle ihrer eigenen Kreativität zu finden. Wir müssen im Sinn behalten, dass *Intuition* und *Spontaneität* die Katalysatoren sind, welche die Kreativität in Bewegung bringen. Wir können die Kinder zu sich selbst hinführen, indem wir die grundlegenden kreativen Prinzipien der Point Zero-Methode achten:

- Das schöpferische Tun dient dem Prozess, nicht dem Produkt.
- Intuition und Spontaneität wirken als Brennstoff, der den kreativen Prozess anfeuert.
- Kritik und Bewertungen sind destruktiv für das Kind und werden verbannt.

Die Point Zero-Methode

- erschafft einen sicheren Kontext.
- befreit vom Leistungsdruck.
- fördert das kreative Abenteuer und den Prozess.
- ermutigt den spontanen Selbstausdruck.
- inspiriert an jedem Punkt zur Eigenständigkeit.
- respektiert die jeweiligen Bedürfnisse eines Kindes.

Jedes Kind kann schöpferische Freude erleben, wenn es die richtige Unterstützung erhält und Verständnis erfährt. Kreativität ist eine mächtige Kraft, die, wenn sie einem Kind richtig vermittelt wird, zu einem integralen Teil seines Lebens werden kann – und ein solcher Ansatz kann zur Basis für eine lebenslange kreative Leidenschaft werden.

Einen kreativen Malkurs starten

Kinder müssen spüren, dass sie dafür geliebt
und geschätzt werden, wer sie sind –
und nicht für das, was sie tun.
MICHELE CASSOU

Als ich an einer Privatschule in San Francisco meinen ersten Kurs gab, versammelte ich die Kinder zuerst in der Mitte des Ateliers. Wir saßen in einem Kreis auf dem Boden. Ich sprach mit gedämpfter Stimme, als teilten wir ein Geheimnis. Sie sollten wissen, dass mein Malunterricht vollkommen anders sein würde als die üblichen Unterrichtsfächer. Wenn ihnen klar würde, dass Kreativität dazu da war, ihrer Freude und ihrem Selbstausdruck zu dienen – und nicht, um Wissen anzusammeln und gute Zensuren zu bekommen –, dann würde unser Kreativkurs vor Spaß und Aufregung vibrieren.

Unser Malatelier war ein kleiner rechteckiger Kellerraum. Seine Wände waren mit weichen Faserplatten ausgekleidet, an die wir die großen Malblätter hefteten. Im Zentrum des Raumes stand ein Maltisch mit zwanzig verschiedenen Farben und neben jeder Farbe lagen drei Pinsel in verschiedenen Größen. Die Kinder würden im Stehen malen und zwischendurch immer wieder zum Farbtisch zurückkommen (Informationen über den Aufbau auf Seite 145).

„Dieses Atelier ist ein sehr spezieller Ort", sagte ich. „Niemand außer euch und mir hat hier Zutritt. Es ist ein Ort nur für uns. Ich werde die Bilder nachher in einem verschlossenen Schrank aufbewahren, wo niemand sie kritisieren oder auch nur anschauen kann. Das hier ist ein privater und geheimer Platz, und ihr könnt alles malen, was ihr wollt, ohne euch Sorgen zu machen. *Ich werde euch keine Zensuren geben und es wird auch keine Wettbewerbe geben.* Dieser Ort ist wahrhaft magisch!" Mit noch leiserer Stimme wiederholte ich: „Das wird ein Abenteuer!"

Ich bezweifle, dass irgendeines der zehn Kinder im Alter von sechs bis acht Jahren wirklich verstand, was ich meinte, aber ich hatte ihnen vermittelt, dass dieser Kurs etwas Besonderes sein würde und dass ich vollkommen auf ihrer Seite stand.

Die Kinder schienen fasziniert zu sein: Sie sprachen jetzt miteinander ebenso leise wie ich zuvor – als teilten sie ihre eigenen Geheimnisse. Ein Mysterium schien im Raum zu schweben.

Wir versammelten uns um den Farbtisch in der Mitte des Raumes und ich erklärte den Kindern, wie man die Pinsel hält, damit einem die Farbe nicht über die Finger läuft. Ich zeigte ihnen, welche Mischung aus Wasser und Farbe am besten funktionieren würde. Ich erklärte ihnen, dass sie den Pinsel nicht zu hart aufdrücken durften, weil sie ihn sonst verletzten. „Euer Pinsel wird sehr schnell wieder durstig. Ihr müsst ihm oft etwas Wasser zu trinken geben oder es tut ihm weh!", wiederholte ich langsam, und schaute ihnen dabei in die Augen, um sicherzustellen, dass sie mich gehört hatten. „Drückt nie zu fest auf den Pinsel, sonst könnt ihr ihn in zwei Minuten zerstören. Ihr müsst euren Pinsel immer sehr sanft halten." Ich zeigte ihnen einen misshandelten Pinsel, dessen Borsten an der Basis gebrochen waren. „Diese Pinsel sind sehr gut, aber sie sind auch empfindlich. Ihr müsst sie sanft behandeln."

„Und jetzt können wir alle anfangen!", verkündete ich freudig. „Eins, zwei, drei und LOS!" Ich begleitete meine Worte mit einer anfeuernden Geste.

„Was soll ich malen?", fragte Melanie, eine Sechsjährige mit großen, schwarzen Samtaugen, die sich plötzlich wie gelähmt fühlte.

„Ja", sagte Tom aufgeregt, „was malen wir heute?"

„Ich sage nie jemandem, was er malen soll, und ich gebe auch nie Aufgaben für die ganze Klasse. Das würde euch keinen Spaß machen. Ihr könnt alles auswählen, was ihr wollt. In diesem Kurs erfinden wir alles selbst. Und es gibt keine Fehler."

Beide Kinder hätten lieber Anleitungen erhalten, weil sie so daran gewöhnt waren, und sie waren einen Moment lang etwas verstört. Aber Stephanie, ein größeres Mädchen in engen Jeans und dicken rosa Joggingschuhen, ergriff mutig einen Pinsel und tauchte ihn in gelbe Farbe. Sie ging hinüber zu ihrem weißen Malpapier an der Wand und malte eine große Sonne in die Mit-

te. Ein anderes Kind folgte ihrem Beispiel, und in wenigen Minuten hatten alle Kinder begonnen zu malen.

Ich war sehr damit beschäftigt, jedem Kind immer wieder zu zeigen, wie man den Pinsel halten muss und wie man ihn in das Wasser und die Farbe taucht. Ich lief von einem Kind zum andern, versuchte Tropfen aufzufangen, bevor sie zu weit herabgelaufen waren, oder Reißzwecken einzudrücken, bevor sie aus der Malwand fielen. Nach einer Stunde waren wir zu einem Team geworden – wir arbeiteten alle zusammen, aber jeder hatte seinen privaten Raum.

Es ist wirklich nicht wichtig, wie ein Kurs beginnt, solange ein Gefühl der Freiheit und der Faszination entsteht. Folgen Sie Ihrer eigenen Inspiration und achten Sie darauf, als Katalysator und Hüter der Kreativität der Kinder zu agieren, den Raum zu schützen und Struktur einzubringen. Ihre wichtigste Funktion besteht darin, die Kinder von den Regeln, Vorurteilen und Überzeugungen in Bezug auf Kreativität, die sie schon verinnerlicht haben, zu *befreien*.

Leider ist das den Eltern nicht immer klar. Eltern machen sich häufig Sorgen um ihre Kinder. Sie fragen: „Hat mein Kind Talent?“ oder „Ist mein Kind so gut wie die anderen?“

Aus diesem Grund kann es sein, dass der Lehrer die Eltern an einem Extra-Termin über die wahre Bedeutung und Funktion der Kreativität – ihre Qualität des Selbstausdrucks und der Spontaneität – unterrichten muss. So können die Eltern die Kreativität ihrer Kinder schätzen lernen und den kreativen Prozess voll und ganz unterstützen.

Eltern und Lehrer müssen lernen, sich keine Sorgen mehr über Dinge wie Talent oder Wettbewerbe zu machen. Sie müssen verstehen, dass die besondere Macht des Malens nicht darin begründet ist, Wettbewerbe zu gewinnen, sondern dass es ihren Kindern ein kostbares Werkzeug an die Hand gibt, ein Werkzeug für ein glücklicheres, besser integriertes Leben. Nicht was die Kinder im Malatelier *tun* ist wichtig – wichtig ist allein, wie sie sich öffnen und lernen, Risiken einzugehen, frei zu reagieren und auf sich selbst zu hören. Was ist Talent, wenn nicht der Mut, man selbst zu sein? Kinder wollen als die erkannt werden, die sie sind.

Ist der magische Ort schließlich etabliert, können jederzeit neue Kinder dazukommen. Sie finden ihre Freiheit durch Osmose. Das Malstudio ist ein Nährboden der Kreativität – hier werden die Kinder darin gefördert und unterstützt, heranzuwachsen und ihr kreatives Potenzial zu erforschen.

Wie der kreative Prozess funktioniert

Bildung besteht hauptsächlich aus dem,
was wir ent-lernt haben.
MARK TWAIN

Wenn wir Kinder dazu anleiten wollen, das Malen als Mittel zum Selbstausdruck und zur Selbstfindung zu nutzen, müssen wir ihnen keine Technik beibringen. Im Gegenteil: Wir müssen sie von schon gelernten Techniken befreien, sie wieder ent-lehren (*un-teach*). *Je weniger Technik die Kinder beherrschen, desto mehr sind sie auf ihre Intuition angewiesen.* Techniken überlagern die Intuition. Wir Erwachsenen sollten allen überflüssigen Ballast ausräumen, der die kreative Freiheit der Kinder behindert. Beim Malen müssen sie die Genehmigung erhalten, den Anleitungen ihrer Intuition zu folgen. Frei von Regeln können sie lernen, die aus der Tiefe ihres Inneren auftauchenden Bilder zu malen und ihre eigene Einzigartigkeit auszudrücken.

Wird gelegentlich eine spezielle Technik gebraucht, entwickelt sich diese spontan. Die Kinder werden sie erfinden oder wiederfinden. Ihre Fähigkeiten entwickeln sich aus den vielschichtigen Anforderungen ihrer Gefühle, nicht auf der Basis ästhetischer Konzepte. Was immer sie malen, wird von ihrem ganzen Wesen getragen und trägt den Stempel der Authentizität und die Schönheit ihrer Unschuld.

Die Art und Weise, wie ein Kind die Welt wahrnimmt und erfühlt, ist einzigartig. Mit dem stetigen Wachstum seines Körpers und seines Geistes verändert sich auch seine Wahrnehmung. Wenn ein Kind auf natürliche Weise malt, lässt sich sogar die *Evolution* seiner Wahrnehmung von der Welt ablesen. Der visuelle Ausdruck seiner Körperempfindungen verändert sich zum Beispiel unablässig, solange es nicht dazu angeleitet wird, Gegenstände abzumalen oder Proportionen zu respektieren. So entwickelt sich die Wiedergabe eines menschlichen Kopfes zum Beispiel innerhalb weniger Jahre von sehr groß (viel größer als der Körper) zu ziemlich klein (den üblichen Proportionen entsprechend). Jeder Teil des Körperbildes macht eine solche Evolution durch. Die Finger werden am Anfang zum Beispiel als lange Linien wahrgenommen, die aus einem Kreis entspringen. Nach etwa zwei Jahren verkürzen sich diese Linien langsam und werden zu Fingern. Die Kinder müssen zur Spontaneität ermutigt werden – dazu, das Ergebnis ihres Tuns zu vergessen, indem sie *spontan* diese Unterschiede und Veränderungen ausdrücken, derer sie tatsächlich gar nicht gewahr sind.

Die kindliche Wahrnehmung der materiellen Welt und des sie umgebenden Raumes verändert sich ebenfalls. Sie nehmen den Raum auf ganz spezielle Weise wahr. Anfangs, wenn ihnen die Beziehung zwischen dem Boden und dem Objekt noch nicht bekannt ist, schweben die Objekte und Menschen auf den Bildern sehr kleiner Kinder oft frei im Raum. Später erscheint der Boden irgendwann als braune Linie oder als Grashalme (siehe Bild 1), füllt sich aber später mit Erde und Gras an (siehe Bild 5). Der Himmel beginnt oft als blaue Linie und erweitert sich ebenfalls nach und nach (siehe Bild 16). Wenn Kinder die Freiheit erhalten, intuitiv zu malen, findet ein faszinierender Prozess statt: Die beiden Linien – die des Himmels und die der Erde – bewegen sich langsam aufeinander zu und füllen die Lücke zwischen ihnen immer mehr aus. Nach einigen Monaten spontaner Prozesse wird der Raum schließlich erobert (siehe Bild 8, 9, 10). Dieser endgültige Moment – wenn der gesamte Raum mit Farbe gefüllt wird – ist etwas ganz Besonderes. Es berührt mich immer tief, diesen einzigartigen Meilenstein mitzuerleben, an dem das Kind einen völlig neuen Ort in sich selbst erreicht; von hier aus gibt es keine Rückkehr. Es ist ein *Initiationsmoment* für Kinder – ein kostbares Stadium, in dem der innere Raum besiegt wird. Dieses kraftvolle Ereignis kann nicht stattfinden, wenn die Kinder Perspektive lernen und den Raum in ihren Bildern anhand von Regeln und Techniken darstellen müssen. Kinder machen in ihrer Evolution nie Rückschritte. Sie bewegen sich immer weiter voran.

Einer meiner Freunde hatte einen zehnjährigen Sohn. Eines Tages sprach dieser Freund seinen Sohn, der gerade von einem Malkurs zurückkam, darauf an, dass sein Bild dreidimensionale Eigenschaften hatte. Der Vater staunte darüber. Seinem Sohn war kein Lächeln abzuringen: Er schien es nicht für besonders aufregend zu halten, zwei Stunden lang an dem Bild eines Holzstuhls zu arbeiten, der ihm herzlich egal war, um ihm etwas Perspektive zu geben. Er schien ungeduldig, sich endlich anderen Dingen zuzuwenden und sagte letzten Endes: *Ich habe hart genug gearbeitet, jetzt verdiene ich es zu spielen.* Nach jenem Kurs wollte er nie wieder malen. Er hatte seine wahre Kreativität nicht erlebt und kannte deshalb auch nicht den Wunsch, sie wieder aufzugreifen. Das Erlernen von Techniken wirkt häufig entfremdend und lässt das kreative Tun wie eine Arbeit ohne jegliche Belohnung erscheinen.

Perspektive kann spontan entstehen: Ein Kind, das sich selbst überlassen wird, entdeckt sie auf eigene Faust, sobald die Zeit reif dafür ist. Das Malen mit Perspektive wird zu einem Teil seines natürlichen Instinkts, statt zu einer mentalen Disziplin. Bilder, die auf diese Weise entstehen, atmen *Lebendigkeit* statt die Steifheit jener Werke, bei deren Herstellung versucht wurde, alles richtig zu machen. Der Versuch, richtig zu malen, mündet meistens in Bildern, die aussehen wie wissenschaftliche Studien.

Es ist faszinierend, die natürliche Entwicklung von Kinderbildern zu beobachten. Nehmen wir zum Beispiel einen Tisch: Wenn kleine Kinder einen Tisch malen, hängen dessen Beine in der Luft (siehe Bild 14). Doch in wenigen Monaten bis zu zwei Jahren senken sich die Beine des Tisches langsam herab, bis sie eines Tages fest auf dem Boden stehen. Das beweist auch, warum Kinder keine Technik brauchen, solange ihnen erlaubt wird, zu malen, was sie fühlen.

Um Kinder in die Magie der Kreativität einzuführen, müssen wir ihnen erlauben, ihre eigene Welt zu erleben und intuitiv auf der Basis ihrer natürlichen Wahrnehmungen abzubilden. Wenn wir Kinder hingegen zwingen, mit „normalen" Proportionen und Perspektive zu malen, *verpassen* sie eine ungeheure Chance. Sie unterdrücken ihre Intuition und wachsen ohne viel Kreativität auf.

Machen Sie sich keine Sorgen über die Art der Darstellung auf Kinderbildern. Der kreative Prozess ist ein Erforschungsweg und begleitet die Kinder, wohin sie auch gehen. Er besitzt eine innere Intelligenz, die sie bei ihrer Entwicklung führt und leitet.

Prozess statt Produkt

Erfolg kann ebenso viele
Optionen rauben wie Misserfolg.
TOM ROBBINS

Kinder wollen für sich selbst malen, nicht für andere. Wenn sie einfach nur dem folgen, was ihr eigener Ausdruck verlangt, brauchen sie keine Erwachsenen, die ihnen sagen, dass ihr Bild gut oder schön ist. *Kreativität ist ein Prozess* – das ist die Botschaft, die wir den Kindern vermitteln wollen. Um das zu tun, müssen wir verstehen, dass wir sie jedes Mal, wenn wir ihr Werk mit einem Kompliment oder einer Kritik bedenken, von ihrem Prozess – und damit von ihrer Freiheit und Erfindungskraft – wegziehen. Sie werden gehemmt und selbstkritisch und verlassen den magischen Raum der Schöpfung. Wir verstärken ihre Befürchtungen über das Ergebnis und entzaubern ihre Reise ins Unbekannte.

Diane, eine schüchterne, wohlerzogene Zehnjährige, war zum ersten Mal in unserem Malkurs. Sie wählte die fernste Ecke des Raumes als Malplatz und begann fast sofort zu arbeiten. Nach einer halben Stunde rief sie mich zu sich. „Michele, gefällt dir mein Bild?", fragte sie mit unsicherer Stimme und zeigte mir ein gelbes Haus, das sie gerade gemalt hatte.

Welcher Erwachsene würde diesem Kind nicht geben wollen, worum es bat? Wer würde nicht alles tun, damit es sich angenommen und bestätigt fühlte? Es scheint das Natürlichste auf der Welt zu sagen: „Ja, es gefällt mir sehr gut", um dem Kind Ermutigung und Sicherheit zu geben. Doch in der Kreativität funktioniert das nicht so: Ein Lob führt auf lange Sicht immer zu Problemen. *Ein positiver Kommentar wird zu einem negativen Kommentar*, weil ein Kompliment für das Bild immer das Produkt – und nicht den Prozess – in

Dieses kommt an den Kühlschrank!

den Mittelpunkt stellt. Das Kind, das sich über das Kompliment freut, arbeitet darauf hin, *weitere* Komplimente zu erhalten, und vergisst dabei das Abenteuer des schöpferischen Tuns. Besorgt, es könnte etwas falsch machen, traut sich das Kind nicht mehr, spontan zu sein und das Unbekannte zu erforschen, und schon bald verliert es die tiefe Verbindung zu seinem Herzen und seiner Intuition. Wenn Lehrer oder Eltern sein Werk bewerten, nimmt das Kind, das sich dessen bewusst wird, leider instinktiv dieselbe urteilende Haltung an und wird selbstkritisch.

Im Interesse des Kindes müssen wir unsere gewohnten Reaktionen auf seine Schöpfungen ändern und andere Möglichkeiten finden, es zu unterstützen. Anstatt immer sofort Belohnungen auszuteilen, sollten wir lieber darüber nachdenken, wie wir die Entwicklung seines kreativen Potenzials *langfristig unterstützen* können. Wir müssen die Essenz der Kreativität und die Reinheit ihrer Quelle fördern, indem wir die Aufmerksamkeit des Kindes immer wieder *auf den Prozess hinlenken*. Eine solche Einstellung lässt keine beurteilenden Kommentare zu.

Es ist eine Gratwanderung, mit Kindern auf eine Art und Weise zu sprechen, die sie sich nicht wünschen und auch nicht erwarten.

Ich schaute Diane tief in die Augen und sagte: „Es tut mir leid, aber ich beantworte solche Fragen nie. Wir malen hier, um zu erforschen und zu spielen. Niemand beurteilt oder benotet die Bilder."

Sie schaute mich an, als käme ich vom Mars. Sie öffnete den Mund, um etwas zu sagen oder zu widersprechen, doch nichts kam heraus.

Beim nächsten Bild fragte sie mich wieder: „Michele, gefällt dir mein Bild?" Ich lächelte freundlich und sagte: „Diane, ich freue mich, dass du dieses Bild gemalt hast."

„Ich möchte wissen, wie sehr es dir gefällt", drängte sie mit leiser Stimme, „meine Mama und andere Leute sagen mir das immer."

„Tut mir leid, Diane, aber ich denke nicht so", sagte ich. „Es hat Spaß gemacht, dir zuzuschauen, wie du jedes kleine Bisschen auf deinem Bild gemalt hast. Es ist nicht so, dass ich es mag oder nicht mag."

Verwirrt stand sie vor ihrem Blatt, kämpfte mit verschiedenen Gedanken und versuchte, daraus schlau zu werden, wie diese französische Lehrerin Bilder betrachtete.

In der nächsten Sitzung wiederholte sich derselbe Dialog: „Michele, gefällt dir mein Bild?", fragte sie mich dreimal nervös und hoffte wahrscheinlich, dass meine früheren Antworten vorübergehende Fehler gewesen waren und ich irgendwann in die normale Welt zurückkehren würde.

Ab der dritten Sitzung hörte sie auf zu fragen. Sie wurde sehr still und konzentriert. Wir sprachen über andere Dinge. Sie fragte mich, wie sie die Farben mischen musste, um den richtigen Farbton für einen Sonnenuntergang zu erhalten, den sie malen wollte. Sie entdeckte Ocker und sagte, dass es sie an die Herbstblätter an der Ostküste erinnerte. Als sie keine Ideen mehr hatte, forderte ich sie mit ein paar Fragen heraus: „Was, wenn plötzlich irgendetwas in dein Bild springen würde?“ und „Was, wenn irgendetwas Neues von irgendeiner Seite in dein Bild hineinkommen würde?“ oder „Was, wenn du einen ganz kleinen Pinsel nehmen würdest und schaust, ob er vielleicht ein kleines Detail, einen Punkt, eine kleine Linie irgendwo hinzufügen möchte?“ Und sie fand einen Weg, alleine fortzufahren.

Sie fragte mich nie wieder, ob ich ihre Bilder mochte. Und ich hatte das starke Gefühl, dass sie zu diesem Zeitpunkt auch nichts mehr über sie hören wollte, weder Gutes noch Schlechtes: Es gab ihr so viel mehr Raum. Sie hatte die Welt des spontanen Ausdrucks betreten, und von jetzt an hatte keiner mehr das Recht, dort einzudringen. Ich unterstützte ihren Prozess, und das war genug. Diane hatte verstanden, dass das schöpferische Tun einfach nur um seiner selbst willen geschieht: Sie hatte ihre kreative Leidenschaft gefunden und war nicht bereit, sie für die *irrelevante* Meinung eines anderen Menschen zu opfern.

Wenn die kreative Verbindung zerreißt

Jedes Kind ist ein Künstler. Das Problem ist,
wie man ein Künstler bleibt, wenn man größer wird.
PABLO PICASSO

Wenn Kinder den Wunsch verlieren, sich kreativ auszudrücken, heißt das, dass ihre Begeisterung von irgendeiner Botschaft erstickt wurde: Irgendein Urteil oder ein Leistungsanspruch hat ihre Kreativität in Arbeit verwandelt. Jene unglückliche Interaktion, jene Störung hatte sich wahrscheinlich auf etwas gerichtet, das sie aus vollem Herzen erschaffen hatten. Plötzlich aus der wunderbaren Freiheit und Leichtigkeit spontaner Kreativität herausgerissen, fühlten sie sich verletzt und verwirrt und begannen ihre Spontaneität anzuzweifeln. Das ist eine Erfahrung, die viele Kinder machen. Die entscheidende Interaktion findet meistens schon sehr früh statt, wenn sie *vier, fünf oder sechs Jahre alt* sind.

Von diesem Punkt an halten Kinder die Kreativität einfach nur für ein weiteres Lehrfach, bei dem man sich anstrengen muss, und ihre Begeisterung schwindet ebenso wie die Anziehungskraft des Kreativen. Ihre natürliche, spontane Verbindung mit dem Schöpferischen in Form von Spiel und Abenteuer wird unterbrochen, und sie wenden sich einfach von ihm ab.

Kinder werden immer noch „etwas erschaffen", wenn Erwachsene sie darum bitten, aber sie tun es nur noch für das Ergebnis, um anderen zu gefallen und sie zu beeindrucken, und sie wollen für ihr Tun gemocht und anerkannt werden. Die wahre Freude an der Schöpfung geht verloren; die aufregende Entdeckerfreude und die Leidenschaft sind dahin. Sie tun, was von ihnen erwartet wird, sind aber nicht mehr mit dem Herzen dabei.

Die gute Nachricht ist, dass die Verbindung wiederhergestellt werden kann. Um das zu erreichen, brauchen Kinder einen Kontext, in dem die schöpferische Kraft der Kreativität den vollen Respekt erhält und verstanden wird. Hier

werden sie sanft geführt, sich von dem Produkt ihres Tuns wegzubewegen. Zensuren, Kritik, Belohnung und Tadel werden verbannt. Es wird von ihnen nicht erwartet, realistische Gemälde herzustellen oder Bilder zu malen, die der erwachsene Verstand sinnvoll findet; sie werden nicht darum gebeten, zu erklären oder zu rechtfertigen, was sie erschaffen haben. Sie alleine entscheiden, was als nächstes zu tun ist und wie sie es erfinden. Ihre Ergebnisse sind so privat wie ein Tagebuch und werden vor jeglichen Kommentaren geschützt. Mit der Point Zero-Methode entwickeln die Erwachsenen eine liebevolle und verständnisvolle Form der Unterstützung ohne jeden direkten Einfluss. Im richtigen Kontext (mehr dazu später) können zwei Wochen oder zwei Monate nötig sein, um die kreative Leidenschaft wieder zu wecken.

In einer Atmosphäre höchsten Respekts für den kreativen Prozess können die Kinder wieder in ihre Traumwelt zurückkehren und mit ihrer Intuition vertraut werden. Diese Rückkehr in den kreativen Raum, in dem es weder Erfolg noch Misserfolg gibt und wo Gefühle und Intuitionen frei erforscht werden dürfen, lässt Kinder wieder ganz werden. Sie kehren zu der Quelle zurück, zum Nullpunkt – Point Zero – und diese Rückkehr ist ein sehr bedeutendes Ereignis.

Eltern

Die großen Leute verstehen nie etwas von selbst,
und für die Kinder ist es zu anstrengend,
ihnen immer und immer wieder erklären zu müssen.

ANTOINE DE SAINT EXUPÉRY, DER KLEINE PRINZ

Eltern lieben ihre Kinder und wollen nur das Beste für sie. Es fällt ihnen jedoch schwer, sich der langfristigen Auswirkungen ihrer Meinungen und Ansprüche in Bezug auf die Kreativität ihrer Kinder bewusst zu werden. Ihre Einstellungen entscheiden oft, wie die Kreativität ihrer Kinder aussehen wird, wenn diese erwachsen sind. Als Lehrer habe ich oft mehr Zeit damit zugebracht, die Eltern zu unterrichten, als ihren Kindern etwas beizubringen. Ich musste das tun, um wohlmeinende Eltern davon abzuhalten, meine Arbeit zunichte zu machen. Eltern können das kreative Element in ihren Kindern unterstützen, indem sie sich mit ihren eigenen kreativen Themen auseinandersetzen. Das ist eine wunderbare Gelegenheit, ihr eigenes Leben ebenso wie das ihrer Kinder tiefer zu erforschen und verstehen zu lernen. Kreativität befasst sich mit unserem Wesenskern und berührt alle Aspekte des Lebens.

Kinder wollen ihren Eltern gefallen und reagieren extrem empfindlich auf deren ausgesprochene wie unausgesprochene Einstellungen. Kinder haben die unglaubliche Fähigkeit, die Gefühle und Gedanken ihrer Eltern zu lesen. Wenn Eltern eine Reaktion nur vortäuschen, wissen Kinder es sofort. Jeder Erwachsene – ob er sich dessen bewusst ist oder nicht – hat eine Meinung darüber, was eine gute oder eine schlechte Kreation ist. Das Kind wird von diesen Erwartungen und Urteilen stark beeinflusst und konditioniert.

Das Traurigste dabei ist, dass die besten Absichten der Eltern oft zerstörerisch wirken, weil die Kinder einen sicheren, aber *verständnisvollen* Raum brauchen, in dem ihre Kreativität erblühen kann. Kleinigkeiten reichen, um die schöpferische Freiheit eines Kindes zu vernichten.

Hier die *störendsten* Einstellungen der Eltern:

- Sie beurteilen das Werk, wenn das Kind nicht *realistisch* malt.
- Sie überschütten das Kind systematisch mit Komplimenten und Lob.
- Sie betrachten Kreativität als ein Mittel, um schöne Kunstobjekte zu erzeugen.
- Sie zeigen ihren Kindern, wie man etwas richtig malt.
- Sie beurteilen das Werk und schlagen Veränderungen vor.
- Sie korrigieren oder verschönern die Bilder der Kinder.
- Sie vergleichen die Kreativität von Geschwistern miteinander.
- Sie machen sich Sorgen über die Bedeutung mancher Darstellungen.

Weil Eltern die Macht haben, ihre Kinder davon abzuhalten, ihre eigene Inspiration zu finden, verlangt die Point Zero-Methode von ihnen, sorgsam darauf zu achten, sich nicht in die natürliche Entwicklung der kindlichen In-

Eins für mich …

tuition einzumischen. Wenn die Eltern kreative Kinder wollen, müssen sie die Kreativität als einzigartiges Werkzeug betrachten, das dazu da ist, einen Pfad zum Herzen und zur Seele zu schlagen – und nicht als ergebnisorientierte Aktivität. Die Eltern müssen verstehen, dass Kreativität eine kostbare Aktivität ist, die den Kindern in den sensiblen Jahren ihres Heranreifens hilft, Selbstbewusstsein, Eigenständigkeit und Fülle in sich selbst zu finden.

Eltern und Lehrer bei der Arbeit, Teil 1

Erlaube deinen Erkenntnissen und Entdeckungen, deine Haltung zu vewandeln. Lass sie dich lehren, dass jeder Drache, der sichtbar wird, schon halb besiegt ist.

MICHELE CASSOU

IHRE EIGENE ARBEIT

Ihre Einstellung beeinflusst in starkem Maße, wie groß die kreative Freiheit Ihrer Kinder ist. Ganz gleich, ob Sie mit ihnen darüber sprechen oder nicht –, Ihre Überzeugungen und Vorurteile schränken sie ein. Werden Sie sich Ihrer Einstellung jedoch *bewusst*, führt das zu *Erkenntnissen*, die Ihnen helfen, kreative Prozesse zu leiten und zu unterstützen. Es folgen einige Fragen, die Ihnen helfen können, herauszufinden, was Sie wirklich vom kreativen Prozess halten und erwarten.

Nehmen Sie sich die Zeit, Ihre Antworten handschriftlich zu notieren. Sie in Ihrer eigenen Handschrift niedergeschrieben zu sehen und auf dem Papier zu erforschen, wird Sie zu Ihrer eigenen Wahrheit führen. Nehmen Sie sich so viel Zeit, wie Sie brauchen; die Wahrheit erscheint nur langsam. Erforschen Sie Ihre Gefühle, denken Sie über sie nach und schreiben Sie dann weiter.

Vierzehn Fragen an Sie selbst

1. Was sind *meine Überzeugungen* in Bezug auf Kreativität? Was denke ich wirklich über sie?
2. Was sind *meine Gefühle* in Bezug auf meine eigene Kreativität? Welchen Raum gebe ich ihr in meinem Leben?

3. *Was wünsche ich mir persönlich* von der Kreativität der Kinder? Was sind meine Erwartungen?
4. Was sind *meine* Hoffnungen, *meine* Ansprüche, *meine* Vorlieben, *meine* Ängste und *meine* Absichten für die Kinder? Kann ich mir erlauben, sie zu sehen?
5. An welchem Wunsch an die Kinder *hänge ich am stärksten*?
6. Bin ich wirklich daran *interessiert*, dass die Kinder kreativ werden, oder habe ich andere Motive? Versuche ich, ein festes Ziel zu erfüllen, oder bin ich offen für den eigenen Einfluss der Kreativität?
7. Betrachte ich Kreativität als *Werkzeug*, das die Kinder beim Heranwachsen unterstützt, oder als Hobby? Kann ich es mir erlauben, die Macht der Kreativität zu spüren?
8. Wenn Kinder etwas Unerwartetes oder Ungewöhnliches tun, *werde ich sie beurteilen*? Was sind meine Grenzen?
9. Ist die Abbildung von *Sexualität oder Gewalt* für mich tabu?

Jeder von uns ist auf irgendeine Weise kritisch. Es ist wichtig, dass wir uns unsere Vorurteile bewusst machen und sehen, wie sie sich auf die Kinder auswirken.

Schreiben Sie so viele Urteile auf, wie Sie können. Wenn sie Ihnen bewusst geworden sind, verlieren sie an Macht, die Kinder einzuschränken und *Ihre eigene Kreativität* zu beeinflussen und zu begrenzen.

10. Halte ich das Kind zum *Wettbewerb* an und hat Kreativität für mich etwas mit Erfolg oder Misserfolg zu tun?

Das mag Ihnen vorher nicht bewusst gewesen sein. In Konkurrenz zu gehen ist ein kollektives menschliches Muster, das sich bei Ihnen einschleichen kann, ohne dass Sie es merken. Wenn Ihnen das bewusst wird, können Sie sehen, wie tief es sich auf ein Kind auswirken muss.

11. Glaube ich, dass nur *besondere*, auserwählte Kinder kreativ begabt sind, oder kann ich das kreative Potenzial in jedem Kind sehen?

Was denke ich wirklich über Talent? Beurteile ich mein Kind als einen Menschen mit wenig Talent?

12. Bin ich wirklich am *Prozess* der Schöpfung interessiert, oder soll es mir hauptsächlich schöne *Resultate* bringen? Kann ich es mir erlauben, den Prozess zu sehen und nicht nur das Endprodukt?
13. Wie empfinde ich *meine eigene* spontane Ausdrucksfähigkeit? Weiß ich aus erster Hand, wie es sich anfühlt, kreativ zu sein? Möchte ich mehr davon in meinem Leben finden?
14. Was denke ich über die spontane Ausdrucksfähigkeit *meines Kindes*? Möchte ich ein Kind, das Gefühle und Sorgen frei ausdrückt?

Notieren Sie Ihre Antworten und Erkenntnisse.

- Erkennen Sie Ihr persönliches Interesse als Lehrer oder Eltern.
- Erkennen Sie Ihre Überzeugungen als Schöpfer.
- Bringen Sie sich zurück zum Nullpunkt, Point Zero, ihrer persönlichen Quelle der Schöpfung.
- Schreiben Sie auf, was die Konsequenzen Ihrer Einstellungen und Vorurteile sind.
- Unterstreichen Sie die wichtigsten Punkte.
- Erinnern Sie sich daran, dass Ihnen diese Arbeit hilft, sich selbst und Ihre Beziehung zu Ihren Kindern besser kennen zu lernen.
- Schreiben Sie Ihre *Erkenntnisse* auf.

BEISPIELE

Nachdem sie sich diese Fragen gestellt hatte, erzählte mir Lisas Mutter, eine junge, lebhafte und intelligente Frau, sie habe ihren Wunsch entdeckt, dass Lisa künstlerisch erfolgreich sein sollte, weil sie selbst schöne Dinge liebte. Sie hatte immer davon geträumt zu malen, glaubte aber, sie sei nicht gut genug. Ihr wurde schließlich klar, dass sie großen Druck auf ihre Tochter ausübte. Sie erklärte: „Ich glaubte, sie zu inspirieren, indem ich ihr erklärte, wie

sie die Formen und Farben einsetzen und balancieren sollte. Und ich wunderte mich, warum sie so ungern malen wollte."

Roberts Vater sagte: „Mir wurde klar, dass ich nicht wollte, dass mein Sohn so komplett am Computer hing wie ich. Er sollte malen, um mir zu gefallen, und nicht für sich selbst. Ich wollte, dass er in anderen Gebieten als ich Großes leistete."

Nadine leitete eine Klasse mit sechs- und siebenjährigen Kindern. Sie sagte: „Als ich mich selbst befragte, sah ich, dass ich mich die ganze Zeit auf die Ausstellung Ende des Jahres freute und wollte, dass die Leute beeindruckt waren. Ich schaute nur auf die ästhetischen Werte."

Beide Kinder von June waren in meinem Kurs. „Ich sah, dass ich sie zur gegenseitigen Konkurrenz animieren wollte. Ich dachte, das sei gut für sie. Ich trieb sie an, um meinen eigenen Ehrgeiz zu befriedigen."

Janine, eine Mutter von vier Kindern, erzählte mir, dass ihr etwas klar geworden war: „Ich hatte immer Angst, schöpferisch zu sein, und wollte, dass meine Kinder gut darin waren. Ich wollte, dass sie *meine Ängste bekämpften*."

Haben Sie kein schlechtes Gewissen, wenn Sie etwas über Ihre Einstellungen oder Vorurteile herausfinden. Unser aller Verhaltensweisen basieren auf Urteilen und Eigeninteressen. Jede Erkenntnis kann Ihr Leben zum Besseren wenden – und damit auch Ihre Beziehung zur Kreativität und zu den Kindern.

Eltern und Lehrer bei der Arbeit, Teil 2

Bildung legt keine Samen in uns hinein,
sie bringt unsere Samen zum Wachsen.
KAHLIL GIBRAN

IHRE AUFGABE ALS FÖRDERER DES KREATIVEN PROZESSES

Die folgenden Fragen werden Ihnen helfen, klarer zu erkennen, was wirklich hinter dem Malwunsch des Kindes steckt, und sein Verhalten beim Malen besser zu verstehen. Es ist wichtig, die Kinder die ganze Zeit zu beobachten.

Neun Fragen, die Sie sich über Kinder stellen sollten

1. Versuchen die Kinder *mir zu gefallen*, indem sie beim Malen meine Erwartungen erfüllen?
2. Haben sie Angst, es *nicht gut genug zu machen* und nicht talentiert genug zu sein?
3. Sind sie widerwillig oder *uninspiriert*?
4. Gehen sie in *Konkurrenz* miteinander und vergleichen sich mit den anderen?
5. Versuchen sie, die Bilder zu nutzen, um *MEINE Aufmerksamkeit zu erringen*?
6. Versuchen sie, die Bilder zu nutzen, um die *Aufmerksamkeit von jemand anderem zu erringen*?
7. Haben sie Angst, beurteilt und *zensiert* zu werden?
8. Fühlen sie sich *der Sache gewachsen*?
9. Fühlen sie sich *frei,* zu spielen und zu erfinden?

Schreiben Sie Ihre Antworten auf.

Beantworten Sie die Fragen, so gut Sie können – *das hilft Ihnen, die Kinder und ihre Bedürfnisse besser kennen zu lernen*. Ihr wachsendes Gewahrsein für die Gefühle der Kinder hilft Ihnen, sie immer kraftvoller zu leiten und zu unterstützen.

Versetzen Sie sich in die Position der Kinder.

- Schreiben Sie die Konsequenzen auf, die Ihre inneren Einstellungen haben.
- Denken Sie zurück an vergangene Interaktionen mit Kindern, bei denen es um Ergebnisse ging.

Eltern machen häufig Kommentare, an denen sich ihre nonverbalen Ansprüche und Vorurteile ablesen lassen. Wenn Sie aufmerksam darauf achten, werden Sie erkennen, wie diese Ansprüche die Kinder bei ihrem kreativen Tun *unter Druck setzen*.

Einige Beispiele:

- „Ich will, dass Jack gut im musischen Bereich ist. Sein Bruder ist gut im Sport und er soll auch in irgendetwas gut sein."
- „Ihre Schwester malt so wundervolle Bilder. Ich will, dass sie das auch lernt."
- „Sie malt sehr viel, aber sie weiß nicht, wie man die Proportionen richtig darstellt."
- „Mein Sohn malt immer Schlachten. Ich möchte, dass er andere Sachen malt."
- „Ich will, dass meine Tochter lernt, Weihnachtskarten zu machen."
- „Mein Vater war ein Künstler. Mein Sohn ist das, glaub ich, auch!"

Wenn Sie genauer auf die Aussagen achten, die Sie in Bezug auf Ihre Kinder und deren Kreativität machen, werden Sie aus jeder von ihnen neue

Erkenntnisse ziehen. Mehr praktische Unterstützung finden Sie in den elf Richtlinien für optimale Kreativität (Kapitel 5, siehe Seite 145).

Es könnte Sie überraschen, *wie schnell* Kinder auf Erwachsene reagieren, die versuchen, sie in ihrem kreativen Prozess zu verstehen. Kinder können sich sehr schnell auf einen Geist der Freiheit und der Forschung einstellen, wenn ihnen der Raum dazu gegeben wird. Sie werden begeistert sein, die Freude der Kinder zu beobachten.

Was Kreativität stört

Wenn sie euch sagen, ihr sollt erwachsen werden,
meinen sie, ihr sollt aufhören zu wachsen.
TOM ROBBINS

Um einen magischen Kontext zu erschaffen, der spontane Inspiration und Selbstausdruck fördert, müssen sich Eltern und Lehrer der Störungen bewusst werden, die den freudigen Prozess ihrer Kinder einschränken können. Kommentare und Fragen zu Bildern sind eine heikle Sache und können das Kind unbeabsichtigt bedrohen.

Das mag einem nicht so vorkommen, weil diese Fragen so natürlich erscheinen, aber hier sind drei grundlegende Einmischungen in die Kreativität der Kinder:

- Sie fragen das Kind: „*Was* hast du da gemalt?"
- Sie fragen das Kind: „*Warum* hast du das gemalt?"
- Sie bitten das Kind: „*Erzähl* mir etwas über dein Bild."

Wenn sie ein Kind fragen: „Was soll das sein?", geben Sie ihm die Botschaft: „Ich kann nicht erkennen, was du zu malen versucht hast. Weil ich es nicht erkennen kann, funktioniert es nicht wirklich. Deine Darstellung ist nicht gelungen." Kinder wissen nicht, dass Sie nicht erkennen können, was sie erschaffen haben; aus ihrer Sicht sind die Bilder offensichtlich und akkurat. Es ist natürlich für sie, ihr Werk nicht zu beurteilen, es sei denn, sie werden darauf geeicht. Die Frage „Was ist das?" führt immer zu Enttäuschungen und macht die Kinder traurig. Um solche Bemerkungen zu vermeiden, werden sie von nun an versuchen zu malen, was erwartet wird, und exakte Abbilder zu erschaffen. Und das raubt ihnen ihre Freude und nimmt ihnen die Freiheit, eigenständig zu fühlen und zu erfinden. Selbst in bester Absicht gestellt, beweist die Frage

„Was soll das sein?“ einen *Mangel an Respekt* vor der Welt der Kinder. Ihr Anspruch, das Kind sollte benennen können, was es tut – anstatt es einfach nur zu schätzen – wird von dem Kind als Ablehnung seiner eigenen Realität erfahren.

Die Frage „Warum?“ wirkt sehr beunruhigend auf das Kind. Kinder sind spontan und bewegen sich von Bild zu Bild wie in ihrer Traumwelt; sie fließen mit dem Strom der Inspiration. Die Wahrhaftigkeit ihrer Reaktion auf die Intuition lässt sie Dinge malen, die sie *nicht* erklären *können*. Sie malen, was sie nicht mit Worten ausdrücken könnten.

Als Cathys Mutter sie zum Beispiel fragte: „Warum hast du dem kleinen Mädchen keinen Hals gemalt?“, konnte Cathy keinen Grund angeben und fühlte sich schlecht. Sie sagte nur mit jämmerlichem Ton: „Habe ich vergessen." Sie hatte ihren Gestalten keine Hälse gemalt, seitdem sie in meinen Kurs eingetreten war. Es war ihre Art, ihre Gefühle über den Körper auszudrücken. Sie reagierte natürlich auf ihre Intuition, eine integrative und harmonisierende Kraft. Als ihre Mutter in das Atelier kam und mit verstörter Stimme fragte: „Warum fehlt der Hals?", nahm sie ihrer Tochter das Vertrauen in ihren spontanen Ausdruck und stoppte damit die *natürliche Evolution* ihres Entwicklungsprozesses. Sie blockierte Cathys kreativen Pfad, indem sie ihr die Botschaft gab, ihre Intuition sei nicht vertrauenswürdig.

Mit der Bitte „Erkläre es mir" fordern Sie das Kind dazu auf, die nonverbale Welt mit ihrem gewaltigen Ausdruckspotenzial zu verlassen und in den Kopf zu gehen, um einen Erwachsenen zu befriedigen. Das wirkt als *massive* Störung auf den kreativen Fluss des Kindes. Die Freiheit, das Mysterium und die Möglichkeit zur spontanen Erforschung gehen sofort verloren. Das Kind wird durch solche Fragen verführt, den Erwachsenen zu geben, was sie haben wollen. Kinder denken sich oft Geschichten aus, um es den Erwachsenen recht zu machen – und verlassen damit traurigerweise den abenteuerlichen Prozess ihrer Schöpfung.

Wenn Kinder wirklich reif dafür sind, weil ihnen die Kreativität geholfen hat, ihre Gefühle zu durchleben, und wenn sie wirklich etwas sagen möchten, dann werden sie es spontan tun.

Eltern und Lehrer werden mit jenen drei Fragen weder das Vertrauen der Kinder gewinnen, noch nützliche Informationen erhalten. Denn:

1. Was die Kinder malen, hat oft keinen direkten Bezug zu dem, was in ihrem Leben geschieht.
2. Das, was an dem Bild am wichtigsten ist, bleibt dem Kind selbst verborgen.
3. Was das Kind ausdrückt, kann NICHT in Worte gefasst werden.
4. Der *Prozess* der Schöpfung beeinflusst das Kind viel mehr, als die Bilder und Szenen, die ihm entspringen.

Kinder öffnen sich eher, wenn wir uns nicht in ihre Arbeit einmischen und stattdessen eine sichere und verständnisvolle Atmosphäre schaffen. Oft, wenn Kinder über ihr Leben erzählen, beziehen sich ihre Mitteilungen nicht direkt auf die bildlichen Darstellungen, doch solch ein freiwilliger Kontakt ist immer bedeutungsvoll und öffnet uns das Tor zu größerer Nähe.

Eltern und Lehrer können Kinder am besten unterstützen, indem sie den nonverbalen Ausdruck ihrer Kreativität mit seinen *Geheimnissen* und seiner *Intimität* erlauben. Auf den folgenden Seiten finden Sie Ideen und Hinweise, die Ihnen helfen können, bestmöglich zu reagieren, wenn die Situation anscheinend ein *Was*, ein *Warum* und ein *Erkläre mir bitte* zu erfordern scheint.

KAPITEL ZWEI

Kreativität und Selbstausdruck

In diesem Kapitel lernen Eltern und Lehrer, die Kreativität und ihr Potenzial für den Selbstausdruck besser *zu verstehen.*

Es wird sie außerdem dazu inspirieren und anregen, die natürliche schöpferische Fähigkeit der Kinder zu nähren und ihnen zu erlauben, die erstaunliche Beziehung zwischen *Gefühlen, Intuition* und *Kreativität* zu entdecken.

Die Beispiele verschiedener Kinder beim Malen zeigen auf, dass:

- **Intuition ganz natürlich zum Selbstausdruck führt.**
- **der Selbstausdruck dem kreativen Ausdruck Freude und Leidenschaft verleiht.**
- **sich die technischen Fähigkeiten beim Malen spontan entwickeln.**
- **Blockaden im kreativen Fluss auftauchen werden – und was man dann tut.**

Wie Nicholas die Mal-Leidenschaft entdeckte

Wenn alles richtig sein muss,
ist irgendetwas es nicht.
STANISLAW LEC

Bei Kreativität geht es darum, dass Kinder ihre eigene Stimme finden: die Stimme ihrer Intuition. Sie hilft ihnen, ihre Gefühle und ihre Welt zu erforschen und auszudrücken, wer sie sind. Sie hilft ihnen auch zu entdecken, dass sie alles, was sie brauchen, um schöpferisch zu sein, schon *in sich* tragen – eine grenzenlose Quelle der Inspiration – und dass sie alles, was sie ausdrücken und erschaffen *wollen*, auch ausdrücken *können*.

Wenn sie erkennen, welche Möglichkeiten die Kreativität ihnen bietet, regt das ihre natürliche Entdeckerfreude an. Sie werden selbstsicher und klug in dem, was sie tun. Diese Klugheit ist nicht die Intelligenz des Intellekts, die auf dem Sammeln von Wissen und Fakten beruht – obwohl auch sie einbezogen wird –, sondern die spontane Intelligenz, die ihre Fähigkeit lenkt, zu reagieren, sich zu entwickeln und zu gesunden. Schon bald entdecken sie die Macht und die Freuden des Selbstausdrucks, und ihre kreative Leidenschaft wird geboren.

Nicholas, ein dunkelhaariger, kräftiger Junge war sechseinhalb Jahre alt, als er zum ersten Mal in meinen Malkurs kam, der einmal die Woche nach dem Schulunterricht stattfand. Seine Eltern hatten ihn gegen seinen Wunsch angemeldet. In der ersten Sitzung lief er ständig zum Fenster und schaute neidisch auf den Hof herab, wo eine Gruppe Kinder lärmend Fußball spielte.

Er fragte mich: „Was soll ich malen?"

„Du kannst alles malen, was du willst!", sagte ich mit munterer Stimme und versuchte, ihn dazu zu verführen, aus seiner Innenwelt heraus kreativ zu sein.

Einige Minuten später hatte er sein Blatt immer noch nicht berührt. „Mir fällt nichts ein“, sagte er bedrückt.

„Warum erfindest du nicht irgendetwas?“, fragte ich.

Müde und vollkommen verwirrt blickte er mich an. Dann war er einen Moment lang still, aber ich konnte sehen, wie es in seinem Kopf arbeitete. Plötzlich lief er auf den Flur hinaus und kam mit einem Buch zurück, das er in seinem Rucksack hatte. „Oh, nein!“, rief ich, „wir kopieren hier keine Bilder aus Büchern. *Wir erfinden* die Sachen selber. Du kannst das auch!“

Ich erntete einen enttäuschten, ungläubigen Blick. Nicholas war noch nicht dazu bereit, sich frei auszudrücken. Er brauchte noch Anleitungen, Richtlinien, irgendeinen Anstoß – und ich hatte ihn gebeten, etwas zu tun, das ihm unmöglich vorkam und das er nicht verstehen konnte.

Ohne den Drang, irgendetwas Eigenes zu tun, saß er einfach nur da, wartete vor sich hin und fühlte sich unzulänglich. Dieser Moment der Verwirrung war entscheidend: Ich mischte mich nicht ein, sondern überließ es ihm, seinen eigenen Weg zu finden. Er hatte *keine andere Option*, als sich *auf seine eigenen Ressourcen zu verlassen*, ohne Vorschläge von außen.

Aus dem Augenwinkel beobachtete ich, wie er mit sich kämpfte und nach einem Ausweg suchte. Zwanzig Minuten vergingen, in denen er einfach dastand und den anderen Kindern beim Malen zusah. Dann hatte er eine „Übergangsidee“. Weil ihm nichts einfiel, was er malen könnte, entschied er sich, das Bild eines älteren Jungen zu kopieren. Das war etwas anderes, als ein Bild aus einem Buch abzumalen. Der andere Junge ließ sich von seinem eigenen kreativen Prozess leiten, und Nicholas versuchte, ihm auf seiner Reise zu folgen und Inspiration aus ihr zu ziehen.

Er begann das Werk des anderen Jungen langsam und uninteressiert zu kopieren. Ich war glücklich, dass er einen kleinen Schritt getan hatte.

Zur nächsten Malsitzung kam er zu spät und kopierte wieder das Bild des anderen Jungen. Eine weitere Sitzung verstrich auf dieselbe Weise. Beim folgenden Mal nahm ich das Bild des anderen Jungen, als er damit fertig war, und ließ es nicht wie sonst an der Wand trocknen, sondern legte es beiseite, damit Nicholas es nicht sehen konnte. Nicholas saß vor seinem halb fertigen Bild und wirkte völlig verloren. Er beschwerte sich nicht, aber es war offensichtlich, dass er sich in die Enge getrieben fühle. Ihm wurde endlich klar, dass er sich nicht auf irgendwelche Hilfsangebote oder Tricks von außen verlassen konnte. Er hatte keinen anderen Ausweg, als auf sich selbst zu hören. Plötzlich kritzelte er aus lauter Frustration wilde blaue Striche über sein Bild und kündigte an, er sei jetzt fertig (siehe Bild 4). Beim Kritzeln hatte er sich zum ersten Mal von seinen Gefühlen leiten lassen, wenn auch auf primitive Weise. Ein direkter Kontakt zwischen ihm und seiner Schöpfung wurde geboren. Das war der Punkt, an dem der kreative Sprung stattfand.

Sobald er mit Kritzeln fertig war, nahm sich Nicholas ein neues Blatt Papier. Sorgfältig malte er ein dunkelbraunes Zelt mit einer roten Tür, sein erstes wirklich selbst erfundenes Bild. Dann erschienen ein Picknicktisch, ein kraftvoller Baum, grünes Gras und eine leuchtende Sonne in der Mitte des Blattes (siehe Bild 5). In wenigen Momenten hatte sich Nicholas' Haltung dramatisch verändert. Er hatte endlich einen Weg gefunden, sich selbst auszudrücken. Die Magie der Schöpfung begann in seinem Blut zu fließen.

„Letzten Sommer war ich mit meiner Familie beim Camping!", erzählte er mir strahlend und zeigte auf seine bunte Darstellung. Dann malte er einen Fruchtkorb auf den Tisch.

Als Eltern und Lehrer sollten wir uns nicht davor fürchten, den Kindern die Vorgaben und Stützen wegzunehmen, aber wir sollten uns im Klaren darüber sein, warum wir es tun:

- Kinder besitzen ein endloses Schöpfungspotenzial, und sie müssen es *üben*.
- Kinder müssen üben, sich *vollkommen* auf sich selbst zu verlassen, um die Kraft und die Macht ihres eigenen Selbstausdrucks zu entdecken.

Nicholas hatte seine eigene aufregende Spielart des Malens entdeckt. Er hatte seinen *Selbstausdruck* entdeckt. Es war offensichtlich, wie wichtig das Malen von da an für ihn wurde. Von jenem Tag an kam er jedes Mal zu früh zum Kurs, begierig endlich loszulegen, und half mir sogar, die Pinsel und Farben für die anderen Schüler bereitzustellen. Glücklich und vertieft lief er nie mehr ans Fenster, um den Kindern im Hof voller Neid beim Spielen zuzusehen. Nicholas hatte seinen Zugang zur Quelle der Schöpfung gefunden und spürte ihre endlosen Möglichkeiten. Jetzt wollte er seine neu entdeckte Leidenschaft nutzen.

Wie David seine Mal-Power fand

Ich male keine Dinge. Ich male nur den Unterschied zwischen den Dingen.
HENRI MATISSE

Kinder wollen für sich selbst malen, nicht für andere. Wenn sie anfangen, andere zu imitieren oder Theater zu spielen, um irgendjemandem zu gefallen, werden ihre Schöpfungen zu Arbeit und nichts wirklich Wichtiges kann mehr geschehen. Folgen die Kinder hingegen den Grundbedürfnissen ihres eigenen Ausdrucks, brauchen sie keine Erwachsenen, die ihnen sagen, was sie tun sollen – und schon gar *nicht, wie sie es tun sollen*. An einem sicheren Ort und im richtigen Kontext wissen Kinder instinktiv, wie sie vorgehen sollen. Sie entwickeln Vertrauen in ihre schöpferischen Fähigkeiten, und ihre Originalität und Erfindungsgabe können wachsen.

Der Malkurs war zu Ende und ich half den Kindern, ihre Schürzen abzunehmen und ihre Schulsachen zusammenzusuchen, während David dabei war, sein Bild zu beenden. David, ein siebenjähriger Junge mit einem charmanten Lächeln und einer lebhaften Persönlichkeit, hatte einen Mann in die Mitte seines Blattes gemalt, groß genug, um den gesamten Raum auszufüllen. Jetzt war er eifrig damit beschäftigt, noch schnell blaue Knöpfe auf das gelbe Hemd des Mannes zu setzen.

Ich wandte mich zur Tür und musste zweimal hinsehen: *Der Mann, der gerade eintrat, war das vollkommene Abbild des Mannes, den David gerade gemalt hatte.* Die Ähnlichkeit war so stark, dass ich kaum glauben konnte, was ich sah. Staunend blickte ich vom Bild zum Mann, zurück zum Bild und wieder zum Mann. Die Ähnlichkeit lag nicht allein darin begründet, dass David einen großen blonden Mann mit blauen Augen gemalt hatte: Er hatte ein *Gefühl* von seinem Vater eingefangen. David hatte *aus dem Inneren* seiner eigenen Gefühle gemalt. Vielleicht lag es an der leichten Biegung der Lippen, vielleicht an dem verschwommenen Ausdruck der Augen rund um die Pupillen oder dem leicht überproportionalen Kopf. Ich konnte nicht ausmachen, was diese akute Ähnlichkeit hervorrief. Die Antwort war nicht auf der materiellen Ebene zu finden und hatte mit Sicherheit nichts mit Technik zu tun. Der lebendige Eindruck seines Bildes kam von einem anderen Ort. David hatte auf geheimnisvolle Weise die Präsenz seines Vaters begriffen und ausgedrückt. Seine spontane Intuition hatte die Essenz dieses Mannes wie durch Magie wiedergegeben; die nötigen Fähigkeiten waren frei für David geströmt, als er sich seinem spontanen Selbstausdruck hingab.

Ich fand später heraus, dass das nichts Ungewöhnliches war. Ich machte mir ein Spiel daraus, anhand der Bilder zu raten, welche Eltern zu welchen Kindern gehörten. Ich irrte mich nur selten. Soviel zum Erlernen von Fähigkeiten und Technik!, dachte ich. Was für ein beeindruckendes Phänomen: Die Macht des Selbstausdrucks ist weitaus größer als jede Technik! Wenn Gefühle den Pinsel führen, durchdringen die Gefühle das Werk. Ich bin mir sicher, viele Künstler würden eine derart perfekte Darstellung mit Neid betrachten.

Wie Joan das Malen für ihren Selbstausdruck nutzte

Das Herz hat seine Gründe,
von denen die Vernunft nichts weiß.
BLAISE PASCAL

Spontanes Malen führt zum Selbstausdruck. Und der Selbstausdruck beim kreativen Tun hat eine integrative Wirkung, die zu beobachten beeindruckend sein kann. Immer, wenn Kinder sich spontan der kreativen Kraft hingeben, fließen sie mit dem Strom, der durch ihre Intuition strömt. Die Intuition ist eine Kraft, die es den Kindern nicht nur erlaubt, zu spielen und schöpferisch zu sein, sie hat auch eine ganzheitliche Wirkung. Tief verborgene Bedürfnisse und Sehnsüchte kommen durch den schöpferischen Prozess in ihr Leben und bringen größere Erfüllung und Integration. Wie in Träumen leitet die Intelligenz der Intuition die Kinder an, zu erleben und auszudrücken, was in einem gegebenen Augenblick am wichtigsten für sie ist. Dieselbe Weisheit, die Träume erzeugt, hilft den Kindern bei der freudigen Aktivität des Malens zu wachsen, zu forschen, Integration zu erleben und ganz zu werden. Joans Geschichte illustriert einen solchen Prozess. Die tiefe Kraft des spontanen kreativen Ausdrucks gibt uns Eltern und Lehrern immer wieder etwas Neues zu lernen und zu bestaunen.

Joan, eine dunkelhaarige Sechsjährige, schien von einem Geheimnis umgeben. Dünn, klein und ruhelos hatte sie eine lebhafte Persönlichkeit, schaute mir aber nur selten in die Augen. Als sie zum ersten Mal in das Atelier kam, wusste sie nicht, was sie malen sollte. In den ersten paar Sitzungen verließ sie sich auf das, was sie im Kindergarten gelernt hatte, reproduzierte irgendwelche Muster und füllte das Blatt gleichgültig mit abstrakten Formen. Ständig abgelenkt, unterhielt sie sich mit den anderen Kindern, lief durch den Raum und hatte es eilig, den Kurs am Schluss zu verlassen, die Malschürze noch umgebunden. Ich zwang sie zu nichts, sondern bat sie nur, die anderen Malenden nicht zu stören. Sie schien erstaunt zu sein, dass ich ihr nicht sagte, was sie tun sollte, und sie auch nicht für ihr Verhalten kritisierte oder dazu anhielt, irgendetwas Bestimmtes zu leisten.

Ein paar Wochen auf sich gestellt, beruhigte sie sich langsam, während sie den anderen Kindern beim Malen zusah. Irgendetwas musste sich in ihr entspannt haben, denn die Abstände zwischen ihren halbherzigen Malversuchen wurden immer kürzer, bis sie schließlich eines Tages in der Lage war, konzentriert einen Regenbogen zu malen. Anhand der Bilder, die sie in jener Zeit malte, können wir jeden Schritt ihrer spontanen Reise in die Schöpfung wie in einem Film verfolgen (siehe Bilder 6–10).

Als sie den ersten Regenbogen malte, verschwand ihre Unruhe und ihr zurückhaltender Blick wurde weicher. Bald wurde der Regenbogen größer, und zu meiner Freude malte sie weiter: eine gelbe Sonne in der linken Ecke, lavendelfarbene Wolken und Vögel am Himmel. Schließlich füllte sie mit einer sehr liebevollen Geste den kleinen *Hohlraum* im Zentrum des Regenbogens aus (Bild 6).

Dann begann sie ein neues Bild mit derselben Darstellung, und als sie fertig war, füllte sie wieder das *Zentrum* des Regenbogens aus – dieses Mal mit grauer Farbe (Bild 7). Sie muss eine innere Berührtheit verspürt haben, denn sie begann zu summen, während sie kleine Details hinzufügte. In der nächsten Sitzung malte Joan wie von einem kraftvollen Instinkt getrieben einen weiteren Regenbogen. Tief konzentriert malte sie sorgfältig einen kleinen grünen Baum in seine Mitte (Bild 8). Zu meinem Erstaunen drängte sich der Baum im Regenbogen aufwärts, *füllte seinen Hohlraum aus und strebte nach mehr Raum.*

Im folgenden Bild wurde ihr Baum zu groß für den kleinen Hohlraum des Regenbogens (Bild 9). *Er brach durch den Regenbogen hindurch* und wuchs immer weiter, bis er den Himmel erreichte. Joan hatte die Quelle ihrer Inspiration gefunden und folgte ihrem Fluss, bewegt von der Freude der Kreativität.

Eine Woche später verschwand der Regenbogen, aber nichts konnte das Wachstum ihres neuen Baums aufhalten (Bild 10). Sie belud ihn mit roten

Äpfeln. Sie umrundete ihn mit riesigen Blumen, einem Picknicktisch und Vögeln. Und schließlich, mit einem kleinen Lächeln der Erfüllung, malte sie sich selbst *auf die Spitze ihres Baumes.*

Wir fragen uns vielleicht, was in der Tiefe ihres Wesens geschah. Welchen Drachen hatte sie geschlagen? Welchen Sieg errungen? Ein kleines, enges Dreieck unterhalb des Regenbogens expandierte und zerbarst in die Freiheit – in ihre eigene Freiheit. Joan schien sich der *Entwicklung ihrer Darstellungen* während des Malens *nicht bewusst zu sein*. Eine innere Arbeit hatte stattgefunden und Heilung war geschehen, während sie ihrer Intuition folgte. Joan hatte einfach nur gespielt. Sie folgte den mysteriösen Strömungen ihres Herzens und fand Freude.

Nur selten erhalten wir eine derart klare Repräsentation der inneren Arbeit eines Kindes –, aber ganz gleich, was gemalt wird: Immer, wenn sich ein Kind frei ausdrücken darf, findet *derselbe* Prozess statt. Eltern und Lehrer sollten das stets im Sinn behalten. In der Tiefe ihres eigenen Herzens den wahren Sinn der Schöpfung zu kennen, hilft ihnen, Kindern die Unterstützung zu geben, die sie brauchen, damit die Weisheit der Schöpfung ungestört ihr heilendes, erweiterndes Werk tun kann.

Die Freude am spontanen Ausdruck

Das Glück gehört denen,
die sich selbst genügen.
ARTHUR SCHOPENHAUER

Kinder müssen aufhören, sich *Sorgen* um das zu machen, was sie tun. Der Druck, es richtig zu machen, kann überhand nehmen und sie daran hindern, kreativ zu sein.

Eltern und Lehrer sollten die Kinder dabei unterstützen, ganz natürlich nach innen zu lauschen und so *ihren eigenen Weg zu finden*. Wenn man ihnen nicht erklärt, wie sie etwas tun sollten, und sie auch nicht auffordert, fertigen Abläufen zu folgen, finden sie spontan ihre eigene Inspiration und lernen, auf ihre Intuition zu hören. Das Bedürfnis nach einem Modell oder einem Weg, dem sie folgen sollten, taucht dabei gar nicht auf. Jede Schöpfung wird aus den Bedürfnissen des Kindes geboren und ist einzigartig in ihrem Ausdruck. Kreativität wird als reines Spiel erlebt und das weckt die Freude und die Lust am schöpferischen Tun.

„Ich weiß nicht, wie man einen Menschen malt!", rief Margaret, eine besorgte, hübsche Neunjährige in einem langen braunen Kleid mit einer bunt gemusterten Schürze.

„Oh! Ich bin froh, dass du das nicht weißt!", rief ich aus, „dann kannst du es dir ausdenken. Es darf ganz dein Eigenes sein! Ich bewahre alle Bilder hier in diesem Schrank auf wie ein Geheimnis. Du kannst spielen und deine eigenen Sachen erfinden, ohne dir Sorgen zu machen, dass irgendjemand sie kritisieren wird, und du kannst ihnen jede Form und jede Farbe geben, die du willst. *Du musst die Dinge nicht abmalen, wie sie aussehen, sondern darfst sie neu erfinden und Spaß dabei haben.* Du kannst einen Menschen einfach so malen, wie du es möchtest. O.K.?", fragte ich mit einem Blick in ihr zweifelndes

Gesicht. „Ich male selber gerne Menschen“, fügte ich hinzu. „Dann male ich die Arme so lang wie ich will und dem Kopf gebe ich eine Form, die mir gefällt. Einmal habe ich sogar einen eckigen Kopf gemalt …“

Da lachte sie. Mehr war nicht nötig: eine spielerische Einstellung zum Malen ohne das Gefühl, es gehe um Arbeit oder Erfolg.

„Ich möchte einen Wolkenkratzer malen, aber ich weiß nicht, wie!“, klagte Viktor, ein robuster neunjähriger Junge, der alle seine Taschen mit irgendwelchen Apparaten vollgestopft hatte. Er kam mir unruhig vor, wahrscheinlich hatte er einen schwierigen Tag in der Schule hinter sich.

„Du kannst dein eigener Architekt sein! Heutzutage bauen die Architekten alle möglichen Gebäude. Manche werden sogar aus Autoreifen oder Bierdosen gemacht. Es gibt alle möglichen Größen und Formen, und manche sind total merkwürdig. Ich bin mir sicher, du hast auch schon sehr merkwürdige Gebäude gesehen. Warum erfindest du nicht deine eigenen Gebäude? *Du bist der Schöpfer deiner Hochhäuser und darfst alles tun, was du willst. Es macht Spaß, deiner Fantasie zu folgen*", regte ich ihn begeistert an.

Er blickte müde zurück.

„Du kannst dein eigenes Gebäude konstruieren. Kannst du dir irgendein spezielles Gebäude vorstellen?", drängte ich. Ich musste noch eine Weile mit ihm reden, bevor er bereit war, es zu versuchen.

Viktor malte ein unvorstellbar modernes Gebäude. Auf grünen Pfeilern errichtet, hatte es eine Solarstation auf dem Dach und wurde von Raumfahrzeugen umkreist. Viktor grinste zufrieden. *Er hatte einen Weg in seine eigene Welt gefunden, auf dem er keine Hilfe brauchte und es ihm an nichts fehlte.* Ich war froh, dass er sich nicht gezwungen hatte, zu malen, wozu er sich am Anfang verpflichtet fühlte: ein stereotypes Gebäude, das nichts mit seinem gegenwärtigen Traum zu tun hatte.

Es ist sehr erhellend zu sehen, dass viele Kinder Angst haben, ihre eigenen Erforschungen anzustellen. Es deutet darauf hin, dass wir unsere Kinder abhängig gemacht haben, indem wir ihnen ständig zeigen und sagen, wie sie etwas tun sollen. Bei bestimmten Aktivitäten wie der Mathematik oder anderen wissenschaftlichen Fächern ist das ein nötiger Schritt, aber es sollte *wenigstens eine* Aktivität geben, bei der sie sich selbst behaupten und ihren eigenen Weg finden können –, eine Aktivität, die ihnen Raum gibt zu erfinden, sich auszudrücken und frei zu schöpfen. Wenn wir ihnen diese Option verweigern, können sie ängstlich werden und sich nicht mehr trauen zu experimentieren, ihr kreativer Geist zieht sich zurück. Die einzige Möglichkeit, die ihnen bleibt, ist, etwas nachzumachen, zu wiederholen oder Anleitungen zu folgen, doch ihr Vertrauen in die immensen Möglichkeiten der Schöpfung geht verloren.

Das Mysterium des kreativen Instinkts

Reine Kreativität ist ein Mittel für die Kinder, zu wachsen und Gefühle zu erforschen.

MICHELE CASSOU

Spiel, Selbstausdruck und Kreativität hängen eng zusammen und sollten auch so behandelt werden. Wenn sich die Schöpfungskraft frei ausdrücken darf, manifestiert sich ihre Magie auf undenkbare und überraschende Weise, völlig unabhängig vom Alter oder den Neigungen des Kindes. Kreativität ist ein Instinkt: Jedes Kind wird mit der Fähigkeit und dem Drang geboren, sich auszudrücken und schöpferisch zu betätigen. Wird nichts getan, um diesen Instinkt zu stoppen, erfüllen sich Kinder diese Sehnsucht mit intuitivem Spiel, wobei die Grenze zwischen Spiel und reiner Schöpfung oft unsichtbar ist. Der Drang, schöpferisch zu sein, ist nicht beliebig, er hat seine natürliche Ordnung und Richtung und entspricht perfekt dem kindlichen Bedürfnis nach Ausdruck.

Als Einjähriger schaffte es mein Sohn Philippe ständig, sich die Schnürsenkel aufzuknüpfen und sie aus den Schuhen zu ziehen. Dann hatte er seine Freude daran, sie in bestimmten Formen auf dem Boden zu drapieren, die immer wie riesige Wassertropfen aussahen (siehe Seite 66). Zum Schluss fügte er allen seinen Tropfen an der Spitze etwas hinzu, oft mit verschiedenfarbigen Fäden oder anderen Objekten, die er finden konnte. Ich fragte mich, was ihn dazu drängte, immer wieder dieselbe Form zu wiederholen.

Als er alt genug war, einen Stift zu halten, malte er als erstes wieder diese Tropfenform! Dann nahm er sich eine zweite Farbe und verzierte ihre Spitze. Mehrere Wochen lang wiederholte er Dutzende Male dieselbe Form in verschiedenen Größen und mit verschiedenen Farben, wobei die blauen Tropfen mit einer roten Verzierung überwogen.

Es war faszinierend zu beobachten, wie stark der Schöpfungsdrang war, der diesen kleinen Jungen beseelte und immer wieder anregte, Möglichkeiten zu erfinden, ihn mithilfe der Dinge, die ihm zur Verfügung standen, zu manifestieren. Staunend beobachtete ich, dass seine Intuition bei seinen Schöpfungen vollkommene Präzision verlangte. Ich bestaunte seine Findigkeit beim unablässigen Auftun neuer Materialien, um seinen mysteriösen Schöpfungsdrang zu erfüllen.

Dann verschwand die Tropfenform und ich sah sie nie wieder – bis ich mich vor ein paar Wochen mit der zweijährigen Tochter meines Sohnes zum Malen hinsetzte. Die erste Form, die sie malte, hatte geheimnisvollerweise exakt die gleiche Form wie die, die mein Sohn vor dreißig Jahren gemalt hatte; und auch sie verzierte den Tropfen an seiner Spitze mit einer anderen Farbe.

Der Hund sprang aus dem Bild

„Ja“, sagte ich zum kleinen Prinzen,
„ob es sich um das Haus, um die Sterne oder um die Wüste handelt,
was ihre Schönheit ausmacht, ist unsichtbar!“

ANTOINE DE SAINT-EXUPÉRY, DER KLEINE PRINZ

Warum sollten wir uns um das Endprodukt sorgen und Kinder dazu anhalten, ihre spontanen Kreationen zu perfektionieren? Warum sollten wir versuchen, sie dazu zu zwingen, ein vorgegebenes Ergebnis, eine Schönheitsvorstellung, einen angelernten ästhetischen Standard zu erreichen? Kreativität ist dazu da, Gegenstände, Farben und Formen auf natürliche Weise zu gebären; sie nährt sich von den Strömungen und Träumen des Lebens. *Wir müssen lernen, dem unendlichen Potenzial aller Kinder zu vertrauen.* Ganz gleich, was sie tun: Es gibt keine irgendwie relevanten oder sinnvollen Bezugspunkte dafür, weil der Selbstausdruck in jedem Augenblick einzigartig ist. Wenn Freude am kreativen Tun besteht, bewegt die Kinder eine spezielle Energie, die aus ihrer eigenen Tiefe strömt, und wir können über die Magie der Kreativität nur staunen.

Peter, ein stiller, leise sprechende Sechsjähriger, nahm sich einen großen Pinsel und tauchte ihn in dunkelbraune Farbe. Er hatte gerade eine schwere dunkle Wolke und eine blaue Wasserpfütze gemalt. Der größte Teil der unteren Bildhälfte war noch frei. Mit größter Selbstverständlichkeit führte er seinen Pinsel zu der leeren Stelle und begann die braune Farbe aufzutragen. Schnell führte er seinen Pinsel ein paar Mal hin und her und bedeckte einen großen Teil dieses Bereichs. Es dauerte noch nicht mal eine Minute.

Ich dachte, er kritzelte. Aber dann beobachtete ich, wie er sich mit einem kleinen Pinsel etwas dunklere Farbe holte und zwei schwarze Punkte auf die rechte Seite des scheinbaren Kleckses setzte.

Wie durch Zauberei sprang plötzlich ein Hund aus Peters Bild (siehe Bild 3). Er war so lebendig, dass ich zurückwich. Ich konnte spüren, wie er atmete; ich konnte sein langes Fell dort an der Wand schimmern sehen. Wie konnte Peter mit solch unglaublicher Lebhaftigkeit etwas erschaffen, und dazu noch so schnell, fragte ich mich verblüfft.

Der braune Hund war nicht einfach irgendein Hund; er war Peters Hund. Und Peter liebte seinen Hund. Mit seinem ganzen Wesen hatte er ihn zu uns ins Atelier mitgebracht.

Peter war erst vor wenigen Monaten in meinen Kurs gekommen. Er verwendete keine Techniken –, er hatte gar keine gelernt. Er hörte einfach auf das Drängen seiner Intuition und ihre mysteriöse Inspiration. Die Ströme der Kreativität gebaren den Hund auf natürliche Weise. Peter fühlte sich sicher in seinem Tun. Seine Gefühle, seine Liebe für den Hund, seine Freude und seine Hingabe an die Intuition ließen die Magie von selbst geschehen.

Wir Erwachsenen können dazu beitragen, die Konditionierungen aufzulösen, die Kinder dazu bringen, aus dem Kopf statt mit dem Herzen zu malen. Eine Schöpfung, die dem Kopf entspringt, besitzt keinen Lebensfunken und vermittelt keine wahre Berührung, keine Freude; die Intuition und ihre mysteriöse Kraft bleiben bei ihr ungenutzt. Die meisten vier- oder fünfjährigen Kinder leiden schon darunter. So wie Peter in wenigen Monaten seine Kreativität zurückgewinnen und einen unglaublich lebendigen Hund malen konnte, können wir von dem immensen, grenzenlosen Potenzial der reinen Schöpfung nur träumen.

Die Verzauberung der Kreativität

Es ist unwichtig, am Schluss der Beste zu sein.
Wichtig ist, derjenige zu sein, der am Schluss lebendig ist.
BERTOLT BRECHT

Kreativität fällt Kindern sehr leicht. Sie müssen einfach nur tun, was sie interessiert. Aber wenn Kinder zum ersten Mal in das Malatelier kommen, wissen sie nicht, was sie wollen. Sie haben Angst, etwas falsch zu machen; sie wollen wissen, wie es geht oder was sie kopieren oder nachmachen können. Sie glauben, ihr Bild sehe nicht gut genug oder realistisch genug aus. Sie fragen: „Welche Farbe hat der Himmel?“, und ich erzähle ihnen, dass der Himmel viele Farben hat. Ich möchte, dass sie alles selbst erfinden, die Lust am Spiel wiederbeleben und die Freude am Selbstausdruck entdecken. Ich lasse sie herausfinden, dass sie alle Antworten spontan in sich selbst finden werden. Es ist sehr wichtig, die Kinder in die Position zu versetzen, sich auf sich selbst zu verlassen und sich *gleichzeitig vollkommen sicher zu fühlen*. Das ist die einzige Möglichkeit für sie, ihre Gefühle mehr zu bewohnen und mehr von ihrer eigenen Welt auszudrücken. Kinder haben solch ein unglaublich reiches Leben; so viel geschieht mit ihnen und so viel muss ausgedrückt werden.

Wir Eltern und Lehrer können den Kindern das Geschenk machen, *dem zu vertrauen, wer sie sind – und nicht dem, was sie tun*. Wir müssen vollkommen davon überzeugt sein, dass sie im Innersten genau wissen, was sie tun sollen, und dass sie es finden werden. In schwierigen Zeiten können wir sie immer wieder an ihre Fähigkeit erinnern, dem Unbekannten zu begegnen und etwas zu erfinden. Wir müssen die Wahrheit verinnerlichen, dass Kreativität in jedem von uns strömt: Sie ist ein Teil der Lebensenergie. Das kreative Potenzial der Kinder muss offensichtlich für uns sein. Zweifeln wir an ihrer kreativen Energie, tun sie das auch.

Nathalie war acht Jahre alt, als sie zum ersten Mal in meinen Malkurs kam –, ein sehr dünnes Mädchen mit langen blonden Haaren und einer besorgten Miene. Sie malte zögernd, fast ungelenk, und verbesserte ihr Werk ständig. Unfähig, mit irgendetwas Eigenem aufzuwarten, stützte sie sich auf das kindliche Repertoire vorgegebener Bilder wie Osterhasen und Weihnachtssymbole und kopierte traurig die Stereotypen aus ihrem Gedächtnis.

Eines Tages malte sie einen großen roten Würfel, etwas, das sie im Naturkundeunterricht gelernt hatte. Nachdem sie fast eine ganze Stunde damit gekämpft hatte, dem Würfel die richtigen Proportionen zu geben, wirkte sie erschöpft.

Ich ging auf sie zu. „Nathalie, was würdest du malen, wenn du einfach nur spielen dürftest, ohne dich darum zu kümmern, wie es wird?“ Ernst und müde blickte sie mich an. „Was, wenn du aufhören könntest, dir Sorgen zu machen, und dir erlaubst, irgendetwas zu erfinden, so, wie du es willst? Das könnte doch richtig Spaß machen!“, sagte ich lächelnd. Dieses Mal hörte sie mir zu und ich konnte spüren, wie sich etwas in ihr bewegte. Ich überließ sie ihren eigenen Gedanken. Ein paar Minuten später hatte sie zwei große rosa Hände gemalt, die von der linken Bildseite aus nach dem Würfel griffen (siehe Bild 11). Die Hände waren kraftvoll und lebendig ausgeführt, ein totaler Unterschied zu ihrer alten Malweise. Es waren ihre ersten spontanen Darstellungen, ein echter Durchbruch. Sie hatte endlich die Idee losgelassen, „korrekte“ Proportionen und Abbildungen malen zu müssen; *sie hatte sich davon befreit, ein Bild malen zu müssen, das in der Welt der Erwachsenen akzeptabel war.* Nathalie hatte entdeckt, dass sie einfach direkt malen konnte, ohne viel zu planen und zu denken. Auf einmal konnte sie sich entspannen und vertrauen. Niemand würde sie beurteilen. Sie war endlich in Sicherheit und wusste es.

Dieser Schritt, der viele Ermutigungen und mehrere Wochen brauchte, wurde für sie zu einem Sprungbrett in das Abenteuer der Schöpfung. Etwas später malte sie ihr eigenes Zimmer mit einem von grün gepunkteten Vorhängen umrahmten Fenster, einem Bett, einer blauen Lampe und anderen Details (siehe Bild 12). Sie musste sich weder an die Perspektive noch an irgendeine andere Technik erinnern. Nathalie war glücklich und strahlte. Sie war zu sich selbst heimgekehrt. Sie malte mit Sorgfalt und Achtsamkeit. Von jenem Tag an erblühte ihre Leidenschaft und sie erfand immer neue Szenen aus ihrem Leben und den Ländern ihrer Träume.

Ich werde nie den Tag vergessen, an dem Nathalie die Golden Gate Bridge über der San Francisco Bay malte. Sie malte Menschen unter einem belebten Himmel, die ein Schlauchboot beobachteten (siehe Bild 13). Als sie glaubte, fertig zu sein, sprach ich sie an: „Vielleicht wartet noch irgendwo eine Überraschung – wer weiß?“, sagte ich, um sie anzuregen, noch etwas weiter zu forschen. Ich unterstütze die Kinder unter anderem, indem ich ab und zu ihren Prozess stimuliere. Damit möchte ich sie anregen, wahrzunehmen, dass sie vielleicht noch nicht ihr volles Potenzial ausgeschöpft haben. Solche Anregungen sollten spielerisch sein, Raum geben, Möglichkeiten eröffnen. Mit unseren Fragen wecken wir die Neugier der Kinder und regen sie an, ihre aufregende, spannende Malreise noch etwas weiterzuführen. Das muss sensibel und achtsam geschehen – die Kinder sollten sich nie gedrängt fühlen. Sobald sie das Gefühl haben, unter Druck gesetzt oder beurteilt zu werden, lehnen sie unsere Vorschläge ab und Enttäuschung macht sich breit. Sie sollten wissen, dass es immer *ihre Wahl* ist, ihrem Bild etwas hinzuzufügen oder nicht.

Ich konnte spüren, dass Nathalie bereit war, tiefer in sich selbst zu suchen. Sie stand eine Weile vor dem Farbtisch, nahm dann ein helles Gelb und malte Sonnenspuren zwischen die Wolken und die Vögel. Dann tupfte sie ein paar zarte, gelbe Glanzlichter auf die Brücke. „Das sind kleine Stückchen Sonnenlicht“, erklärte sie mir, beinahe zu Tränen gerührt ob der Schönheit, die sie in jenem Augenblick verspürte. Wir standen beide eine Zeit lang still, bezaubert, und schauten zu, wie das Sonnenlicht sanft die Brücke berührte.

Ein Bild vollenden

Was ist dieser Tag
mit zwei Sonnen am Himmel?
RUMI

Kinder haben ein natürliches Verlangen, sich selbst auszudrücken. Für sie ist das Malen kein weiteres Lernobjekt. *Es ist ein lebendiger Prozess, eine Bewegung durch Ereignisse und Gefühle hindurch*. Es hat etwas von einer Erforschung; der Spaß liegt in der Spannung, was als nächstes passieren wird. Als Eltern und Lehrer sollten wir sicherstellen, dass Kinder sich immer wieder selbst überraschen. Kinder finden Zugang zum wahren Abenteuer der Schöpfung, wenn sie lernen, zu Ende zu bringen, was sie begonnen haben. Um die Kunst des Vollendens zu lernen, müssen sie angeleitet werden, ihr Bild nicht zu schnell beiseite zu legen, sondern so weit zu gehen, wie sie können.

Das Beenden eines Bildes ist ein sehr empfindlicher Moment: Bleibt das Bild unbeendet, verringern sich die Begeisterung und die Intuition beim nächsten Bild, und der Schwung und das Abenteuergefühl lösen sich auf. *Je weiter Kinder mit ihren Bildern gehen, desto tiefer lassen sie sich auf ihren Ausdruck ein, und desto glücklicher werden sie*. Ein knapp hinskizziertes Bild führt systematisch zu Enttäuschung und schon bald wollen die Kinder ganz mit Malen aufhören. Wird das Bild hingegen wirklich beendet, tauchen Erfüllung und Befriedigung auf, und mit ihnen die Inspiration für das nächste Bild.

Es gibt keine Vorbilder dafür, wie ein abgeschlossenes Bild aussieht. Es wird jedes Mal anders sein, abhängig von dem jeweiligen Kind und dem jeweiligen Zeitpunkt. Eltern und Lehrer können ihre Intuition einsetzen und die Kinder genauer beobachten. Nach einer Weile lernen sie zu unterscheiden, ob ein Kind alles getan hat, was es konnte, oder ob es einfach nicht weiß, was es als Nächstes tun soll, und versucht, sich davor zu drücken, tiefer zu gehen, wie wir alle es manchmal tun.

Wenn es sich stimmig anfühlt, können wir den Kindern helfen, indem wir sanft und spielerisch vorschlagen, dass noch viele mysteriöse Möglichkeiten auf sie warten könnten. Sie jedoch zu bitten, neue Ideen oder Details zu suchen, wenn sie glauben, schon alles getan zu haben, ist heikel. Die Kinder könnten glauben, ihre Bilder würden beurteilt, oder sie fühlen sich gedrängt, etwas zu tun, was sie gar nicht wollen.

Erwachsene sollten sich stets vergegenwärtigen, wie kreative Zyklen funktionieren und dass sie von uns verlangen, jedes Bild zu Ende zu malen. Hier sind ein paar Fragen, die bei diesem Prozess hilfreich sein können (denken Sie stets daran, Ihre Fragen mit ermutigender, interessierter Stimme zu stellen):

- „Was würdest du *als Nächstes* tun, wenn du einfach weiterspielen würdest und alles tun könntest, was du willst?"
- „Könnte noch irgendetwas *Neues* auf deinem Bild erscheinen? Eine neue Idee kann ganz plötzlich aus dem Nichts auftauchen! Magst du danach Ausschau halten?"
- „So viel ist schon passiert! Was würdest du tun, wenn du immer weiter *erfinden* und erfinden würdest? Was das wohl wäre ..."
- „Manchmal können gerade am Ende große Überraschungen passieren. Magst du herausfinden, ob eine Überraschung kommen will?"
- „Könntest du ausprobieren, ob ein kleiner Pinsel noch irgendetwas auf dein Bild malen möchte, vielleicht einfach ein kleines Detail oder nur einen Punkt oder eine kleine Farbspur?"
- „Ich frage mich, ob du vielleicht *noch drei Dinge* aus deinem Kopf herausquetschen könntest, die du malen könntest?"
- „Könntest du mit deinem Pinsel irgendeine Farbe nehmen, auf die du Lust hast, und sehen, ob der *Pinsel* noch irgendetwas malen möchte? Manchmal malen Pinsel ganz von selbst."

Ihre Fragen sollten niemals Druck erzeugen, sondern Neugier wecken – wie ein Spiel, das die jungen Maler anregt, in ihrem Inneren nach den letzten

möglichen Details oder Darstellungen zu suchen. *Dieser nach innen gerichtete Blick erweitert das kreative Potenzial und weckt latente Ressourcen.* Neue Ideen kommen in Bewegung, die es den Kindern erlauben, über das Offensichtliche hinaus zu malen und sich auf eine Gefühlsebene einzulassen, die sie noch nicht kennen. Ihre Leidenschaft wächst.

Christine, eine zauberhafte Fünfjährige, rief mich zu sich. „Ich bin fertig", sagte sie. „Ich brauche ein neues Blatt Papier." Ihr Bild, eine Strandszene, bestand aus ein paar pastellfarbenen Gegenständen, die quer über das Blatt verteilt waren.

Ich hatte das Gefühl, sie könnte noch mehr tun.

„Bist du sicher?", fragte ich. „Vielleicht könntest du noch etwas mehr auf das Blatt malen."

„Mir fällt aber nichts mehr ein!", sagte sie sachlich.

Also erfand ich ein Spiel, um sie anzuregen, ihre Möglichkeiten bis zur Neige auszuschöpfen. Ich legte meine Hände sanft auf ihr Haar und sagte: „Wenn ich jetzt auf deinen Kopf drücke, könnte eine neue Idee auftauchen. Das ist total magisch. Pass auf, ich quetsche jetzt ein paar Ideen aus deinem Gehirn. Es funktioniert immer."

Sie lächelte mich an, voller Zweifel, aber bereit zu spielen. Ich drückte sehr sanft auf ihren Kopf. „Es kommt aber nichts", sagte sie. Ich spielte mit und verstärkte sehr, sehr sanft den Druck. Ich wartete. Nach fünfzehn Sekunden rief sie aus: „Das ist es! Ich hab's! Ich hab's! Ich werde Sand auf den Strand malen!" Begeistert von der Magie der Inspiration malte sie mit großer Achtsamkeit Sandkörner an den unteren Bildrand. Sie brauchte fast eine halbe Stunde dafür. Dann wurde sie plötzlich von einer neuen Inspiration erfasst: Eine Serie verschiedenförmiger Muscheln lag auf dem Sand.

Christine strahlte. Sie hatte tief in sich hineingefühlt und dort einen Boden gefunden, der alle ihre Strandsymbole halten konnte. Weil sie nicht aufgab und ihre Intuition bis in die Tiefe durchsuchte, hatte sie die Quelle ihrer Kreativität gefunden. Point Zero hatte ihre Schöpfung mit seiner Inspiration zur Erfüllung geführt. Wir blickten uns an und ihre Freude erwärmte mir das Herz. Ich dankte dem kreativen Prozess.

Kreativitätsblockaden der Kinder verstehen

Das Wasser in deinem Krug ist schlammig
und geht zur Neige.
Zerschlage den Krug und komme zum Wasser.
RUMI

Kinder erleben ebenso wie Erwachsene Blockaden in ihrer Kreativität. Blockaden sind sehr verbreitet und können schon bei Vierjährigen auftreten. Wenn sich Kinder blockiert fühlen, verlieren sie das Interesse am kreativen Schaffen und fragen gewöhnlich die Erwachsenen, was sie als Nächstes tun sollen. Sie glauben, ihnen müsste gezeigt werden, wie man richtig malt oder zeichnet, und bestehen darauf, dass man ihnen etwas zum Abmalen gibt oder eine konkrete Malaufgabe stellt. Unfähig, sich selbst auszudrücken und ohne jede Begeisterung, haben diese Kinder Angst, auf sich selbst gestellt zu sein; das schöpferische Tun ist für sie zu einer anstrengenden Pflicht geworden. Wenn ein Kind bittet: „Sage mir, was ich malen soll", *dann ist das ein sicheres Zeichen für eine Kreativitätsblockade.*

Kinder, die blockiert sind, finden keine Möglichkeit, sich selbst auszudrücken; um das zu kompensieren, bemühen sie sich, etwas Schönes herzustellen und es den Erwachsenen recht zu machen, um gelobt zu werden. Wenn Kinder von ihrem intuitiven Zugang abgeschnitten sind, kreieren sie mit dem Kopf, als mentale Übung. Ihr kreatives Tun wird mechanisch und sie glauben, auf die Richtlinien, die Inspiration und das Feedback der Erwachsenen angewiesen zu sein.

Glücklicherweise kann diese traurige Situation *rückgängig gemacht werden.* Wir können den Kindern helfen, zu sich selbst zurückzukehren und ihre Leidenschaft wiederzuentdecken, bevor sie zu tief vergraben ist.

Der Lehrer hat gerade mein Bild verpfuscht!

Kreativitätsblockaden bei Kindern haben verschiedene Ursachen:

- Erwachsene verlangen ein spezifisches Ergebnis (Erfolgsdruck).
- Kinder sollen kreativ sein, indem sie etwas nachmachen (keine Spontaneität und kein Selbstausdruck).
- Erwachsene verlangen von Kindern, Maltechniken zu lernen (keine Freiheit).
- Ihr Werk wird negativ oder positiv kommentiert (Zensur oder Kritik).
- Mangelnde Selbstsicherheit (keine Verbindung zu Intuition).
- Schwierige Gefühle wollen ausgedrückt werden (emotional überwältigt).

Wir müssen uns *bewusst werden, was die Blockade verursacht hat*, und darauf hinarbeiten, das Kind zu befreien. Dieses Gewahrsam wächst in uns, wenn wir immer mehr über den kreativen Prozess entdecken und lernen, das Kind mit einer verständnisvollen inneren Haltung zu betrachten.

Ich höre immer wieder herzzerreißende Geschichten von Erwachsenen, die als Kinder wegen irgendeines Anspruchs oder eines einzigen kritischen Kommentars aufgehört haben, schöpferisch zu sein. Wenn Erwachsene wüssten, welche Auswirkungen ihre unglücklich gewählten Worte oder ihre wohlgemeinten, aber unpassenden Kommentare haben, wären sie sehr vorsichtig.

Fragen, die wir stellen können, wenn Kinder blockiert sind

Was uns rettet, ist, einen Schritt zu tun.
Dann einen weiteren Schritt.
ANTOINE DE SAINT-EXUPÉRY

Es gibt viele Möglichkeiten, die Kreativität der Kinder anzuregen und zu ermutigen, wenn sie träge wird oder unterdrückt ist. Unsere Rolle ist es, das Spiel und den Ausdruck der Kinder anzuregen, um ihnen zu helfen, ihre Inspiration in sich selbst zu finden, ihrer Intuition zu vertrauen und Kritik aufzugeben. Man sollte ihnen nie vorschlagen, bestimmte Gegenstände oder Formen zu malen. Man sollte ihnen nie sagen, wie sie malen sollen. Ich bin überzeugt, dass das auf lange Sicht nie hilfreich ist, und es könnte ihren Instinkt und ihre Fähigkeit schädigen, den Nullpunkt zu erreichen. Wenn Kindern gesagt wird, was sie tun sollen, können sie ihrer Intuition mit ihren spezifischen Bedürfnissen, Proportionen, Farben und Formen nicht länger folgen. *Einzig ihre Intuition sollte diktieren, was gemalt wird.* Wenn Kinder die Aufgabe bekommen, einen Baum oder einen Apfel zu malen, schaffen sie es vielleicht, ein wenig von sich selbst mit einfließen zu lassen – aber nur sehr wenig. Es würde sich anfühlen, als müssten sie in einem engen, vollgepackten Raum malen. Wenn man ihnen außerdem sagt, wie sie vorgehen sollen, um bestimmte Resultate zu erreichen, bleibt kein Raum für Intuition, Spontaneität und Selbstausdruck. Das Malen wird zur Pflichtaufgabe, einem Job, der innerhalb fester Grenzen durchgeführt werden muss.

Um Kinder dahin zurückzubringen, aus ihren Gefühlen zu malen, müssen wir sie von allen traditionellen Erwartungen *weglenken* und ihre Aufmerksamkeit auf Point Zero und ihre eigene Ausdrucksfreiheit richten.

Hier sind einige Beispiele für Fragen, die wir stellen können. Sie zielen darauf ab, den Geist des Kindes von lähmenden Ideen zu befreien, wie etwa:

„Mir fällt nichts ein, was ich malen könnte!" oder „Ich habe einen Fehler gemacht!" oder „Ich kann nicht malen!" Die Fragen richten sich *direkt* an die Gefühle, wecken sie auf und helfen der spontanen Inspiration, zu erscheinen.

- „Was würdest du malen, wenn du wirklich *spielen* könntest, ohne dir Sorgen zu machen, wie es wird?"
- „In diesem Kurs geht es darum, zu erfinden, weil es *Spaß* macht und interessant ist. Das ist alles. Möchtest du ein Abenteuer erleben?"
- „Hier schauen wir nicht, wer der oder die Beste ist, jeder malt für sich selbst. Möchtest du das versuchen?"
- „Ich möchte, dass du weißt, du kannst alles tun, was du willst. Ich verspreche dir, niemand wird dich kritisieren. *Ich weiß, du bist in der Lage, alles zu malen, was du gerne möchtest.*"
- „Diese Bilder sind geheim, wir werden sie niemandem zeigen. Was würdest du malen, wenn du dein Bild geheim halten könntest?"
- „Was würdest du tun, wenn es dir egal wäre, ob das Ergebnis gut wird oder nicht?"
- „Wenn dir nichts Großes einfällt, warum malst du nicht etwas Kleines? Oder umgekehrt?"
- „Ich weiß, du denkst, du bist fertig, aber wenn dir noch etwas einfallen würde, könnte das ganz schön spannend werden. Das ist wie ein *Spiel*. Kannst du die nächste Sache finden? Klein oder groß, einfach um etwas *auszuprobieren*? Und vielleicht … noch eine Sache danach?"
- „Könntest du einen Pinsel nehmen und dir irgendeine Farbe holen, die du möchtest, und dann sehen, ob diese Farbe irgendetwas auf dein Bild malen will? Manchmal wollen Farben das! Das wäre eine Überraschung, oder?" (Das ist eine *sehr starke und sichere Frage*, die Sie so *oft* wie nötig und unter den verschiedensten Umständen stellen können.)

Spontaneität ist der Schlüssel zur Inspiration der Kinder, deshalb müssen sie lernen, *Risiken einzugehen* und sich selbst zu vertrauen. Unsere schweigende, aber *stetige* Anerkennung ihrer kreativen Reisen bringt sie zu ihrem Herzen zurück und gibt ihnen die nötige Energie. Unser Verständnis und unser Gewahrsein für ihren Prozess helfen ihnen, selbst zu bemerken, wenn sie sich nicht wirklich voll einsetzen. Unsere Präsenz und unser Kontakt werden zu einer ständigen Erinnerung daran, wie stark sie sind, wenn sie ihre Intuition einsetzen und es sich erlauben, frei zu erfinden.

Wenn ein Kind mit sich selbst in Kontakt ist, helfen ihm unsere stille Begeisterung und unsere ermutigenden Blicke, seine schöpferische Stärke und seine Selbstsicherheit zu vertiefen. Unsere Einstellung gibt dem Kind das Gefühl, gesehen und verstanden zu werden. Schon bald erkennt es, dass kein Kompromiss so gut funktioniert wie die Tatsache, sich selbst treu zu sein.

Wenn manche Kinder zum Beispiel fertige Bilder aus Büchern oder Illustrierten abmalen, spüren sie, dass dies im Widerspruch zur Freiheit und dem Forschergeist im Atelier steht. Sie merken auch, dass es mich nicht besonders interessiert, wenn sie diese Dinge kopieren, und das lässt sie ihr eigenes Interesse hinterfragen. Wenn ihre Kreativitätsblockaden schließlich zerbrechen, bin ich voll und ganz bei ihnen, präsent und voller Anerkennung. So lernen sie nach und nach den Unterschied zwischen einem Bild zu verstehen, das aus dem Kopf, und einem, das aus dem Herzen kommt.

Mit oder ohne Fragen – *Kinder müssen ihren eigenen Weg auf eigene Faust finden*. Die Fragen, die wir ihnen stellen, müssen ihre innere Welt ansprechen und dürfen sich *nie* auf eine bestimmte Stelle oder einen Gegenstand auf ihrem Bild beziehen. So werden die Kinder zum Nullpunkt zurückgebracht, dem ursprünglichen Schöpfungsort, der keine Pläne und Ziele kennt. An diesem Ort des „Alles ist möglich“ können Kinder die Regungen dessen, was ihnen wirklich wichtig ist, in sich spüren. Ihre Gefühle inspirieren sie, darauf einzugehen. Wahre Inspiration wird geboren, und die kreative Leidenschaft kehrt zurück.

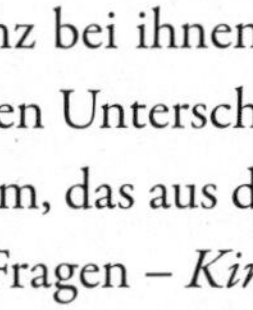

Die heilende Kraft des kreativen Ausdrucks

Wenn wir darauf vertrauen,
dass der kreative Prozess Harmonie in unser Leben bringt,
vertrauen wir dem Leben selbst.
MICHELE CASSOU

Kreativität hat heilende Kräfte. Eine emotionale Wunde – bewusst oder unbewusst – ist ein schmerzhafter, im Zeitstrom erstarrter Bereich. Wenn Kinder kreativ sind, fließt ein lebendiger Strom durch ihr Sein und berührt instinktiv die ungeheilten Wunden. Werden diese erstarrten Gebiete wieder mit Energie gefüllt, findet spontaner Ausdruck statt. Der Selbstausdruck gibt den alten, schmerzhaften Ereignissen die Chance, ihre Gestalt zu vollenden, und Heilung kann beginnen. Diese Art der Heilung, die bei den kleinen Malern ganz natürlich stattfindet, wird oft von emotionaler Akzeptanz und tieferem Verstehen begleitet.

Wenn Eltern und Lehrer die *Intelligenz* des kreativen Prozesses erkennen, verändert sich ihre Einstellung dramatisch. Sie entwickeln einen tiefen Respekt für die geheimnisvolle Spontaneität der Kinder und lernen, ihre kreativen Unternehmungen zu beobachten, anstatt sie zu stören. Sie können sich an den mutigen oder geheimnisvollen Schritten der Kinder erfreuen, anstatt sich Sorgen zu machen.

Was macht Kreativität so wirkungsvoll, dass sie tiefe Wunden heilen kann, die dem Kind oder den Eltern gar nicht bekannt waren? Die Antwort ist einfach: Es liegt an der magischen Kraft der Intuition. Unsere Intuition ist eine Funktion des *ganzen* Menschen und kommt von einem Ort, an dem das Bewusste und das Unbewusste zusammenfallen. Das Gesamtresultat aller Gefühle und Wahrnehmungen manifestiert sich spontan durch die Intuition. *Intuition gibt den Gefühlen einen Ausdruck*, und dieser Ausdruck ist einzigartig und perfekt auf die Anforderungen des jeweiligen Momentes abgestimmt. Das spontane Schaffen wirkt als ausgleichendes und harmonisierendes Prinzip. Tief verborgene Gefühle kommen auf sanfte Weise an die Oberfläche, und ihre beunruhigenden Energien werden entschärft oder durch den Selbstausdruck transformiert. Schmerzhafte Gefühle und scharfe Kanten werden geglättet, innerer Druck kann sich lösen. Kinder, die ihren Schmerz nicht mehr kontrollieren müssen, erleben eine Freude und eine Lebendigkeit, die ihr ganzes Leben verändert. Das Herz, dessen Bedürfnisse erfüllt wurden, fühlt sich vollständig und ganz.

Wenn Kinder sich auf den kreativen Prozess einlassen, beginnt sich ihr Verhalten gegenüber Geschwistern, Freunden und Eltern auf positive Weise zu wandeln. Da sie offener sind, steht ihnen mehr Energie zur Verfügung und sie verbessern sich in der Schule; da sie mehr inneren Raum haben, sind sie interessierter und lernfähiger.

Es ist alles ganz einfach: Wenn Kinder wirklich kreativ sind, vertrauen sie sich der *Weisheit* ihres eigenen Wesens an, die weiß, was gut für sie ist und was ausgedrückt werden muss. Das geschieht alles spontan, wenn das richtige Verständnis besteht und der richtige Kontext angeboten wird.

Wenn der Körper eine Verletzung erleidet, kann er den Schaden nach und nach selbst heilen. Auf dieselbe Weise heilt Kreativität mit ihrer Salbe der Intuition das verletzte Herz.

Wie Brian seine Gefühle ausdrückte

Daß mich mein strömendes Antlitz glänzender mache;
daß das unscheinbare Weinen blühe.

RAINER MARIA RILKE, DIE DUINESER ELEGIEN

Im Leben eines jeden Kindes tauchen von Zeit zu Zeit schwierige Gefühle auf. Manche Kinder kommen zum Malen und sind überwältigt von familiären Krisen wie Trennungen, Krankheiten oder Stress, oder von ihren eigenen Schwierigkeiten in der Schule oder mit Freunden und Geschwistern. In solchen Zeiten kann das Malen ein wunderbares Werkzeug sein, um die Übergänge zu unterstützen. Der Selbstausdruck des Kindes kann wunderbare Heilwirkung haben und ist gerade in schwierigen Zeiten besonders wichtig, weil das Selbstgefühl der Kinder danach strebt, sich zu entwickeln, zu integrieren und zu heilen. Ich ermutige die Kinder, sich durch solche Zeiten „hindurchzumalen", sich tiefer auf ihr Herz einzulassen, bis eine Öffnung auftaucht und Lösungen entstehen. Ihre kreativen Prozesse helfen ihnen, sich selbst tiefer zu entdecken, wieder ganz zu werden.

Brian war neun Jahre alt, schüchtern und zurückhaltend. Er war erst vor kurzem mit seinen Eltern und neun Geschwistern aus dem Nahen Osten nach San Francisco gezogen und sprach kaum Englisch. Groß für sein Alter, etwas übergewichtig, verzog er sich ängstlich in eine ferne Ecke des Ateliers, um dort zu malen. Ich brachte ihm eine Malschürze und ein Stück Papier, und versuchte ihm mit meinen Händen zu erklären, dass er malen konnte, was immer er wollte. Ängstlich beobachtete er mindestens zehn Minuten lang die anderen Kinder, bevor er sich überhaupt traute, einen Pinsel in die Hand zu nehmen.

Dann fing er an. Langsam und traurig malte er einen großen Ozean, indem er die untere Hälfte des großen Blattes mit verschiedenen Blautönen füllte. Nach vollendeter Tat setzte er sich auf einen Holzschemel und blieb lange

Zeit bedrückt dort sitzen. Als er schließlich wieder aufstand, sah ich, wie er den kleinsten Pinsel wählte, den er finden konnte, und ihn in schwarze Farbe tauchte. Er malte einen Jungen, der in der endlosen Weite des Wassers ertrank. Dann stieß er einen stummen Schrei aus und schrieb das Wort *HILFE* zweimal mit großen schwarzen Buchstaben über den ertrinkenden Jungen (siehe Bild 21). Brian hatte gerade eine Möglichkeit gefunden, die Tiefe seiner Verwirrung zum Ausdruck zu bringen. Im selben Augenblick fand eine heilsame Veränderung statt: Die dunkle Wolke, die ihn zuvor umgeben hatte, lüftete sich und sein Gesicht wurde entspannt. Schon bald malte er eine leuchtende Sonne und wandte sich mir danach zum ersten Mal an diesem Nachmittag zu. Er schaute mich an und lächelte sanft. Worte waren überflüssig.

Brian hatte die Atmosphäre der Freiheit und des Selbstausdrucks, die den Raum erfüllte, in sich aufgenommen. Er war in der Mitte des Schuljahres in den Kurs eingetreten; die anderen Kinder waren schon mit ihren kreativen Prozessen fortgeschritten. Er hatte die Erlaubnis und die Ermutigung verspürt, er selbst zu sein. Es ist immer sehr hilfreich für Neuanfänger, solch einen sicheren und konzentrierten Schöpfungsraum vorzufinden. *Eine starke Kraft im Atelier ist die Osmose.*

Mit seiner kreativen Reise hatte Brian begonnen, sich seiner bedrückenden Verlorenheit und Überwältigung zu stellen und seinen Selbstausdruck zu finden. Spontane Formen und Bilder waren aus seiner Brust auf das Papier geflossen und hatten ihm mehr inneren Raum verschafft. In einem fremden Land hatte er eine Verbindung zu sich selbst hergestellt und ein kleines Stück Boden gefunden, auf dem er stehen konnte.

Wenn Kinder ihren Gefühlen erlauben, an die Oberfläche zu kommen, beginnt ein Heilungsprozess. Ihre Gefühle bewegen sich buchstäblich *von innen nach außen*. Das Schwierigste am Malen schmerzhafter Gefühle ist die Tatsache, dass sie kontrahieren und sich verhärten, solange wir versuchen, uns vor ihnen zu schützen. Beim schöpferischen Tun werden die Abwehrmechanismen, die diese Gefühle kontrollieren, aufgelöst, und spontane Gefühlsausdrücke bringen Lösung und Integration. Die Gefühle finden den Raum, einfach da zu sein.

Der Schmerz wird zwar gespürt, ist aber von Raum umgeben, weil die Kontraktion verschwindet: *Der Schmerz kann seinen Zyklus vollenden.*

Häufig folgen einem solchen Selbstausdruck sanfte Gefühle, und die Kinder wagen ein paar Worte über das, was sie gerade erfahren oder erinnert haben. Sie können ihren Platz in der Welt wieder wahrnehmen und spüren, dass sie dazugehören.

KAPITEL DREI

Kreativität als Abenteuer und Erforschung

Dieses Kapitel leitet Eltern und Lehrer dazu an, die Kinder beim Erforschen ihrer Welt mittels ihrer Kreativität zu unterstützen. Sie werden entdecken, dass der kreative Prozess

- **ein Werkzeug für spontane Erforschungen und das Eingehen von Risiken ist.**
- **die Möglichkeit bietet, sich auf das mysteriöse Unbekannte einzulassen.**
- **eine intelligente und wohlwollende Kraft ist, die Harmonie und Integration in das Leben der Kinder bringt.**

In diesem Kapitel wird auch die *Interpretation* von Kinderbildern behandelt.

Kreative Abenteuer erleben und Risiken eingehen

Nur wer riskiert, zu weit zu gehen,
kann möglicherweise herausfinden, wie weit man gehen kann.
T. S. ELIOT

Als Vermittlerin des kreativen Prozesses habe ich unter anderem die Aufgabe, ein Gefühl für kreative *Abenteuer* in den Kindern zu wecken. Es entzückt mich, ihnen zu zeigen, wie aufregend die Freude am Risiko sein kann und dass der kreative Prozess ständig von positiver *Spannung* begleitet ist. Die Risiken, zu denen ich sie einlade, haben damit zu tun, spontan zu sein und die eigene Inspiration nicht zu zensieren. Es ist unsere Aufgabe als Eltern und Lehrer, die Selbstsicherheit der Kinder zu fördern, damit sie ihren Urinstinkten wieder vertrauen und in *das weite Unbekannte eintreten können*. Jeder neue Schritt bringt eine Überraschung, die direkt aus der Mitte ihres Wesens kommt. Was für ein wunderbares Gefühl, das Unerwartete in die Welt zu bringen!

In der ersten Malsitzung mit einer neuen Gruppe ist der Geräuschpegel oft sehr hoch. Die Kinder, die noch das Risiko fürchten, sie selbst zu sein, stürzen sich nicht sofort in das kreative Abenteuer. Sie bombardieren mich mit tausenden von Fragen: „Könntest du mir zeigen, wie man einen Fisch malt?", „Ich weiß nicht, wie man Wasser malt!", „Welche Farbe hat der Sonnenuntergang?", „Zeig mir bitte, wie man eine Katze macht!", „Was sollte ich als nächstes malen?" Und so weiter und so fort.

Kinder haben gewöhnlich kein Vertrauen in ihre eigene Fähigkeit zu forschen, und wissen nicht, wie sie sich auf die mysteriöse Welt der Schöpfung einlassen sollen. Leider hat sich in ihren jungen Köpfen die Idee breitgemacht, etwas zu erschaffen bedeute, etwas nachzumachen und nicht, es neu zu *erfinden*.

Ich erklärte Annie: „Es gibt lauter verschiedene Fische auf der Welt, alle möglichen Formen und Farben. Du würdest nicht glauben, wie verschieden die sein können! Erfinde deine eigenen, du kannst nichts falsch machen, gehe einfach das Risiko ein! Traue dich, deinen eigenen Fisch zu malen!" Wenige Minuten später hatte Annie einen wunderbaren, leuchtenden Fisch mit einem riesigen Kopf und einer winzigen grünen Schwanzflosse gemalt. Hätte ich ihr gezeigt, wie man einen Fisch malt, wäre ihr das Entzücken am Erfinden genommen worden. Sie hätte das *Abenteuer* der Schöpfung verpasst, seine Lebendigkeit und seine Magie.

Als der achtjährige Rick mich fragte, wie man das Meer malt, sagte ich: „Das Wasser im Meer kann jede beliebige Farbe haben. Das hängt davon ab, wie die Lichtverhältnisse sind und welche Mineralien im Wasser sind. Du kannst also einfach erfinden, was du gerne möchtest. *Alles ist möglich!* Du kannst einfach experimentieren und das Risiko eingehen, das Meer auf eigene Weise zu erforschen!"

In meiner Rolle als Lehrerin muss ich den Kindern verstehen helfen, dass sie in ihrer Schöpfung alles tun können, was natürlich für sie ist. Beim schöpferischen Tun bewegen sich Kinder in ihrer eigenen Welt und wir sollten sie nie dazu anhalten, irgendwelchen Vorschlägen zu folgen, sondern sie stattdessen ermutigen, den Bedürfnissen ihrer eigenen Intuition zu folgen. Die Kreativität ist ein Bereich, der keine Kompromisse duldet –, nur so ist authentische Erforschung möglich.

Kreativität bietet den Kindern allen Raum, den sie brauchen, um ihre Welt auszubilden, einzufärben und auszudrücken. Wenn sie zum ersten Mal mit dieser Möglichkeit in Kontakt kommen, fühlen sie sich oft von dem gewaltigen Potenzial, das sie ihnen bietet, überwältigt und manchmal auch erschreckt. Sie sind nicht daran gewöhnt, selbst zu forschen, fühlen sich unsicher und brauchen Zeit und Unterstützung, um das Vertrauen in sich selbst wiederzugewinnen. Doch in Wirklichkeit stellt nicht die Tatsache, sich auf seinen natürlichen Forschungsdrang einzulassen, ein Risiko dar! Das wahre Risiko besteht darin, diesem Drang *nicht* zu folgen.

Wenige Minuten später hatte Rick lila Wasser mit weiß-grünem Schaum gemalt und wirkte sehr zufrieden mit sich selbst. Warum sollte das Wasser in Ricks Traumwelt blau sein? In Wirklichkeit war er der einzige, der die richtige Farbe kennen konnte. Und Jean malte einen braunen Sonnenuntergang mit gelben Linien. Er drückte perfekt aus, was sie fühlte.

Als der kleine Henry mich fragte: „Wie male ich eine Katze?“, hockte ich mich neben ihn und sagte: „Henry, weißt du eigentlich, was für einen Spaß es machen würde, deine eigene Katze zu erfinden? Eine ganz besondere Katze, anders als alle andern?“ Er schaute mich verwirrt und unsicher an. Doch wenige Minuten später hatte er mit totaler Hingabe eine gelbe Katze mit grünen Augen gemalt. Ihre Proportionen waren ungelenk, aber sein spontanes Design gab ihr eine Lebendigkeit und eine Präsenz, die das Herz berührten.

Als er fertig war, schaute er mich an, und als sich unsere Augen begegneten, sah ich, dass wir Freunde geworden waren. Ich hatte ihn nicht gebeten, in *meine* Welt zu kommen; ich hatte mich in *seine* Welt begeben.

Der mehrfache Vulkan

Und das Problem ist: Wenn du gar nichts riskierst, riskierst du noch viel mehr.

ERICA JONG

Oft pflanzen sich im Malatelier intensive Darstellungen wie Vulkane, Gewitter, Erdbeben und Explosionen ganz natürlich von Kind zu Kind fort. Abenteuerlust und Forschungsdrang machen sich breit, und der Wunsch, ebensolche Gebilde zu malen, kann sehr ansteckend sein. Kinder, die von einer derartigen Power angezogen sind, möchten sie selbst erleben. Das hat nichts mit Kopieren zu tun und die Kinder sollten die Erlaubnis dazu erhalten.

Reagieren Kinder innerlich auf das Bild eines anderen Kindes, heißt das, dieses Bild hat einen lebendigen Funken in ihnen berührt; *das Bild ist in ihrer inneren Welt bereits vorhanden* und will geboren werden. Sein Anblick dient einfach nur als Erinnerung. Erlauben Sie den Kindern, ihrem spontanen Drang zu folgen und auf ihre eigene Weise zu forschen. Das ist kein Ausweichmanöver, sondern eine echte Reaktion, die Respekt und Unterstützung verdient.

„Michele! Was für eine Farbe hat brennende Lava?", rief William mit lauter Stimme quer durch das Studio. Er war ein kontaktfreudiger, aufgeschlossener Achtjähriger, der nach drei Malsitzungen endlich seine Inspiration gefunden hatte und jetzt dabei war, einen roten Vulkan mit einem tiefen dunklen Krater zu malen.

Ich eilte an seine Seite. „William, schrei nicht quer durch den Raum! Du störst die anderen beim Malen. Was glaubst *du* denn, welche Farbe brennende Lava haben könnte?", gab ich zurück, damit seine eigene Kreativität die Frage beantworten konnte. Den Kindern ihre Fragen *zurückzugeben* ist eine sichere

1

2

3

4

5

6

7

8

10

9

11

12

13

14

15

16

17

18

19

20

21

22

23

24

25

Möglichkeit, sie zu ermutigen nach innen zu schauen und ihre eigenen Antworten zu finden.

„Ich dachte, sie könnte rot und gelb wie Feuer sein, aber ich bin mir nicht sicher, weil ja auch Asche aus dem Vulkan kommt."

„Und welche Farbe würde die Asche haben?", fragte ich und forderte ihn wieder auf, seine eigene Antwort zu finden.

Ohne zu zögern antwortete er: „Braun und schwarz!"

„Na, dann weißt du doch, was du tun musst!", kommentierte ich glücklich.

Es ist interessant, wie oft Kinder nach etwas fragen, das sie eigentlich schon wissen. Sie fragen, um sicher zu sein, dass es ihnen keine Probleme einbringt, auf sich selbst zu hören. William belud einen großen Pinsel mit roter

Farbe, malte mit ausholenden Bewegungen brennende Lava, die zum Himmel schoss und grinste dabei vor Aufregung.

„Michele, Michele!", rief Sophie wenige Minuten später vollkommen entrüstet. „Jennie *kopiert* gerade Williams Vulkan!"

Ich blickte ihr in die Augen und sagte vollkommen emotionslos: „Na und?"

„Aber … aber … ich dachte … wir sollten nicht kopieren", insistierte Sophie.

„Warum nicht? Du kannst jedes Bild verwenden, das du willst. Bilder gehören allen. Du kannst alles kopieren, was du willst. Der Vulkan gefiel Jennie und jetzt malt sie ihren eigenen. *Sie erschafft einen neuen Vulkan ganz für sich selbst.*"

Als Nicholas anfing zu kopieren (siehe Kapitel 2, Seite 53), tat er es, weil ihm nichts einfiel. Das war etwas völlig anderes. Er tat es mechanisch, um irgendwie durchzukommen. Jennie aber ging auf ihre Gefühle ein und verspürte den starken Wunsch, einen Vulkan zu malen. Sie malte ihn mit solcher Hingabe. Der Anblick von Williams Vulkan muss ein Gefühl in ihr geweckt haben, das schon lange gewartet hatte. Er hatte sie inspiriert. Sie folgte ihrem eigenen Forscherdrang.

Verwirrt und ohne weiteren Kommentar wandte sich Sophie wieder ihrem Bild zu.

Doch fünf Minuten später – welche Überraschung! – erschien ein kleiner Vulkan auf ihrem Bild. „Gut gemacht!", dachte ich und freute mich, wie schnell sie eine Regel aufgeben konnte, die keinen Sinn machte.

Gegen Ende der Stunde waren sechs weitere Vulkane in meinem kleinen Atelier aufgetaucht, alle mit verschiedenen Formen und Farben. Die kleinen Maler waren plötzlich alle von Abenteuerlust und Forscherdrang erfüllt.

Der Kampf gegen die Invasion von Klischees

Wir büßen Dreiviertel von uns selbst ein,
um wie die anderen Leute zu sein.
ARTHUR SCHOPENHAUER

Wenn ein Kind in meinen Malkurs kommt, ist seine kreative Spontaneität oft schon verschwunden. Beim Malen reproduziert es stereotype Darstellungen, an die es sich erinnert. Ihm fällt nichts anderes ein und es glaubt, es würde Spaß machen, eine Figur aus einem Comicstrip abzumalen. Die Fähigkeit, ein Bild zu reproduzieren, mag eine gewisse Befriedigung bringen, aber verglichen mit der Freude des Selbstausdrucks und der Freiheit der freien Erforschung ist das eine minimale Belohnung!

Kopieren ist mühsam und wirkt schnell ermüdend auf Kinder, weil ihre Kreativität dabei nicht fließt. Es ist traurig, Kindern dabei zuzusehen, wie sie ihren Vorrat an vorgefertigten Figuren abspulen, als besäßen sie keine eigene Inspirationsquelle. Meistens sind sie nicht wirklich inspiriert, irgendwelche Superhelden zu malen; wäre das der Fall, würden sie sie von innen her neu erfinden und zu ihren eigenen Schöpfungen machen, anstatt damit zu kämpfen, eine Ähnlichkeit zu erzeugen.

Wenn Kinder kopieren, müssen die Eltern und Lehrer sie zu sich selbst zurückbringen und ihnen zeigen, dass das schöpferische Tun ein fortlaufendes Abenteuer ist. Sie sollten den Selbstausdruck der Kinder um jeden Preis fördern und die nur scheinbare Hilfe, die fertige Bilder bieten, unbedingt *vermeiden*. Die Kinder sollten immer dazu angeregt werden, aus ihrem eigenen Inneren heraus zu malen. Um ihre kreative Leidenschaft zu entdecken, müssen Kinder lernen, den Nullpunkt in sich selbst aufzuspüren.

„Wie spät ist es?", fragte Jack mich immer wieder ungeduldig in der Hoffnung, dass die Malstunde bald zu Ende sein würde. Jack, ein hübscher, sportlicher Neunjähriger, der immer einen schweren Rucksack bei sich hatte, war dem Malkurs neu beigetreten, aber ohne jede Begeisterung. Als er herausfand, dass ich den Kindern nichts zum Abmalen gab, war er genervt. Er hatte keine Idee, was er malen sollte, und traute es sich nicht zu, etwas zu erfinden. Malen war für ihn so etwas wie das Erlernen einer weiteren Sprache, eine Herausforderung, die er lieber vermeiden wollte. Und so verdrückte er sich trotz meiner sanften Hinweise immer wieder in den Flur, um in seine Comicbücher zu schauen und aus ihnen zu kopieren. Normalerweise wählte er stereotype Figuren aus „Superman" oder den „Peanuts", und es war harte Arbeit für ihn, diese Comicfiguren abzumalen.

Wo war Jacks kreative Leidenschaft? Jahr um Jahr hatte er sich anhören müssen, was er tun sollte und wie er es tun sollte. Sein Drang, selbst zu erfinden und sich auszudrücken, war tief unterdrückt oder sogar ganz verschwunden.

Würde er eine zweite Chance erhalten? Würde er die Magie seiner Intuition wiederentdecken können? Oder würde die Invasion der stereotypen Bilder seinen Schöpfungsdrang überstimmen?

Jack brauchte Zeit, um seine Konditionierung abzulegen. Er musste die Freiheit mit ihren vielen Möglichkeiten kennen lernen. Sein unglaubliches inneres Potenzial war ihm unbekannt und die Aufforderung, etwas selbst zu erfinden, nervte ihn bloß.

Jede neue Woche machte ich mir Sorgen, ob Jack überhaupt in den Kurs zurückkommen würde. In der vierten Sitzung störte der gelangweilte Jack seine Mitmaler, indem er witzige Kommentare machte und im Raum umherlief. Ich musste mich einmischen.

„Es ist O.K. für mich, wenn du nicht malen willst", sagte ich zu ihm, „aber ich kann nicht zulassen, dass du die anderen Kinder störst. Bitte bleibe still auf deinem Stuhl sitzen, bis die Stunde zu Ende ist."

Jack saß da, erstaunt, dass ich ihn nicht zum Malen zwang. Er begann, die anderen Kinder zu beobachten, und wurde neugierig. Gleich neben ihm war ein Junge ganz aufgeregt damit beschäftigt, eine Kriegsszene zu malen;

Geschosse flogen über die Berge und eine silberne Kanone schickte rote und orangefarbene Explosionen in den Himmel. Jack war fasziniert. Die spielerische Energie muss sich irgendwie auf ihn übertragen haben, denn wenige Minuten später fragte er: „Kann ich jetzt malen?“

„Ja“, sagte ich, erfreut, eine gewisse Erregung in seiner Stimme zu vernehmen. Ich gab ihm ein neues Blatt Papier.

Jack malte seine eigene Zerstörungsszene: Ein Hai machte ein kleines Boot, das auf einem riesigen Ozean schwamm, zu Kleinholz und warf den einzigen Passagier in die Luft (siehe Bild 19). Dieses Mal blieb Jack länger da, um sein Bild fertig zu malen, und verließ den Raum schließlich mit einem wilden Grinsen auf dem Gesicht. Er hatte zum ersten Mal die großzügige Quelle der Schöpfung für sich entdeckt. Beim Beobachten der anderen Kinder, die sich wirklich auf ihre Kreativität einließen, hatte er die Vorstellung vom Malen als einer langweiligen Reproduktionsarbeit, die spezielles Talent braucht, beiseite gelegt. Er hatte langsam begonnen, die spannende Schöpfungsenergie im Raum in sich aufzusaugen. Jetzt konnte er sich selbst auf sie verlassen; sein Wunsch, Neues zu erforschen, war genug.

Manchmal müssen Kinder zuerst die Wüste der Nicht-Inspiration kennen lernen und dort eine Weile bleiben. Die Erwachsenen sollten das Kind *niemals zum Malen zwingen*, sondern es einfach nur beobachten und geduldig sein. Kinder sollten nicht angetrieben werden, ihr Blatt mit irgendetwas Beliebigem zu füllen. Aus jener Leere, jenem Wartezustand wird Kreativität von selbst erwachsen.

Vorgefertigte Bilder von Kindern

Die wahre Entdeckungsreise besteht nicht darin,
neue Landschaften aufzusuchen,
sondern neue Augen zu haben.
MARCEL PROUST

Wenn Kinder aus dem Nullpunkt, der inneren Quelle schöpfen, begeben sie sich in das wilde Land ihrer inneren Welt – sie werden zu Forschern. Ohne irgendwelche Regeln, die sie aufhalten könnten, erfinden sie fröhlich neue Proportionen für ihre Gegenstände. Sie fühlen, dass ihrem Tun keine Grenzen gesetzt werden, und das gibt ihrer Inspiration den Raum für einzigartige Bilder und endlose Kombinationen.

Die Kinder lassen eine intime Welt zum Ausdruck kommen, die sich im Einklang mit ihren inneren Bedürfnissen immer neu formt und bildet. Es ist *natürlich* für sie, die Proportionen nicht zu beachten und es nicht einmal zu merken. Für sie ist das die einzig richtige Weise; die Darstellungen sind genau richtig und vollkommen in Harmonie mit ihnen selbst. In Wirklichkeit sind die Teile ohne korrekte Proportion *die wichtigsten Teile* ihrer Schöpfung: Alles an ihnen ist erfunden und intuitiv. Der freie Umgang mit den Proportionen erlaubt es den Kindern, spezielle Gefühle auszudrücken, im Unbekannten umherzuschweifen und wirklich zu forschen.

Jede Schöpfung hat ihre eigene Form und Farbe. Und so muss sie auch bleiben. Die Kinder sollten nie aufgefordert werden, realistisch zu malen. Es tut ihnen nicht gut und ist nicht förderlich für die Entwicklung ihrer Kreativität. Wenn sie sich bemühen, realistisch zu malen, übergehen sie ihre momentanen Bedürfnisse und der wahre Ausdruck wird traurigerweise blockiert; sie hören auf, natürlich zu *spüren* und zu reagieren. Wenn sie realistisch malen, schalten sie den Kopf ein, um herauszufinden, wie man es richtig macht, und kämpfen mit Regeln und Techniken. Solch ein realistischer Ansatz ist das exakte Gegenteil einer spontanen Schöpfung, die von ihnen verlangt, ein unbekanntes Territorium fröhlich zu betreten, einen Ort ohne Grenzen.

Als Juliet eine riesige Schale auf einem Tisch malte, störte sie die originelle Unstimmigkeit ihrer Darstellung ganz und gar nicht (siehe Bild 15), und als Amy Menschen malte, die so groß wie Bäume oder so klein wie Blumen waren, wanderte sie in ihrem privaten inneren Raum umher (siehe Bild 16).

Die von den Kindern gewählten Proportionen sind nie beliebig. Sie werden ihnen von ihrer Intuition diktiert und passen *wie für sie gemacht*. Wenn Erwachsene sie auffordern, anders zu malen, verletzt das die Kreativität der Kinder und nimmt ihnen die Lust am schöpferischen Tun. Es betrügt sie letzten Endes um das unglaubliche Abenteuer der Schöpfung. Kinder müssen ihre Welt nach ihren *eigenen* Vorgaben erforschen, ihre Intuition muss spontan entscheiden dürfen, wie groß der Kopf, der Hund, der Mann und das Haus sind. Unstimmige Proportionen sind etwas, über das wir uns *freuen* sollten. Sie sind der Beweis, dass die Kinder ihrer Intuition treu sind, frei in ihrem Geist und in ihrem Abenteuer.

Wenn Kinder kreativ schaffen, brauchen sie Eltern und Lehrer, die ihnen vollkommen vertrauen und respektieren, was sie tun. Jede Darstellung wird neu erschaffen und genau in dem Moment geboren, in dem sie gemalt wird. Sie sollte genau das sein dürfen, was sie ist und für die einzigartigen Qualitäten geschätzt werden, die sie von traditionellen Vorbildern unterscheiden.

Bilder interpretieren

Ein Bild ist, was es ist,
und neunzig Prozent mehr.
MICHELE CASSOU

Die Versuchung, die Bilder unserer Kinder zu interpretieren, ist groß. Wir wollen gerne mehr über ihr inneres Leben erfahren und sie unterstützen; Bilder scheinen uns das zu ermöglichen. Das ist eine sehr natürliche Reaktion, doch die Sache ist nicht so einfach. Bevor wir irgendwelche Schlüsse aus den Kinderbildern ziehen, müssen wir die volle Bedeutung der Kreativität erforschen.

Kleine Kinder malen spontan Szenen aus ihrem Leben, ihre Fantasien, ihre Träume und ihre Albträume. Was in diesen Bildern sichtbar wird, ist oft nur die Oberfläche ihrer Gefühle. Das Wichtigste bleibt häufig verborgen oder unsichtbar, und wird *selten eins zu eins dargestellt.*

Außerdem müssen wir daran denken, dass *der Prozess eines Kindes immer wichtiger ist als das, was seine Bilder darstellen.* Der tiefste Lebensausdruck eines Kindes manifestiert sich beim Malen durch die Magie des kreativen Prozesses. Während es verschiedene Ebenen seiner Gefühle malt, beginnt sich seine Psyche zu bewegen. Das Kind öffnet sich und erforscht seine Ängste, seine Freuden und seine Gedanken; das geschieht hauptsächlich instinktiv. Das Kind wird geleitet von seiner Intuition, die tief aus seinem Herzen und seiner Seele schöpft, und von der natürlichen Intelligenz der Schöpfung. Während dieses Prozesses integriert das Kind Ereignisse aus seinem Leben und seine Emotionen beruhigen sich *spontan*. Es fühlt sich besser, entwickelt Selbstsicherheit und findet wieder mehr Harmonie und Sicherheit in seinem Leben. Das ist der Punkt, an dem die Kreativität ihre transformierende Arbeit tut – in dieser schöpferischen Aktion. Die Wandlung und die Entwicklung sind nicht unbedingt an den Bildern abzulesen oder zu deuten; die Prozesse bewegen

Was hat er bloß ?

sich *weit über das Blatt hinaus* und beziehen das gesamte Kind mit ein. Eltern und Lehrer dürfen nicht vergessen, dass *jedes Bild Teil eines Ganzen ist* – einfach nur ein Einzelbild im endlosen Film des inneren Lebens ihrer Kinder. Alles, was gemalt wird, entwickelt und wandelt sich. Wenn Kinder frei schöpfen dürfen, enthüllt sich ihr tieferes Selbst mit seinem eigenen Rhythmus, seinem Timing und seinen spontanen Erkenntnissen.

Anstatt die Bilder zu sezieren und zu erklären, müssen wir darauf achten, wie glücklich die Kinder sind. Verändern sie sich? Schlafen sie besser? Kommen sie besser mit ihren Geschwistern und Freunden klar? Verbessert sich ihr Verhalten in der Schule? Hören sie besser zu, wenn ihnen etwas gesagt wird? Lernen sie besser? Wenn Kinder wirklich kreativ forschen, sind dies die Bereiche, in denen wir Indizien finden und Veränderungen erwarten können.

In den seltenen Fällen, in denen Kinder emotionale Probleme haben, die spezielle professionelle Unterstützung erfordern, geben sie uns mit ihrem Verhalten viele verschiedene Hinweise. Doch abgesehen davon müssen wir auf buchstäbliche Interpretationen der Bilder verzichten und dürfen uns stattdessen vom Mysterium der Form, der Farbe und der Darstellungen tragen lassen. *Wir müssen auf den Prozess des Kindes reagieren, nicht auf den Inhalt seiner Bilder.* Kinderbilder sind wie Traumdarstellungen, durchdrungen vom Mysterium. Die Darstellungen sind, was sie sind – und noch viel mehr. Ich empfehle, Kinder ungestört und spontan ihre Arbeit tun zu lassen.

Eltern und Lehrer sollten sich nie Sorgen darüber machen, was gemalt wurde, damit sie Kinder nicht mit ihren Befürchtungen infizieren und ablenken oder den Strom ihrer Selbsterforschung unterbrechen. Alles, was gemalt wird, ist auf dem Weg nach außen; es kehrt zurück in die Bewegung des Lebens, strömt durch das Kind, tut sein harmonisierendes Werk. Die Intelligenz der Kreativität vollzieht die Heilung. Es ist am besten, sich nicht einzumischen.

Der Tod und der Apfelbaum

Kunst ist das Mikroskop, das der Künstler auf die
Geheimnisse seiner Seele einstellt,
um diese allen Menschen gemeinsamen Geheimnisse zu zeigen.
LEO TOLSTOI

Kinder haben genau wie Erwachsene den Drang, die Welt zu verstehen und zu erforschen. Sie erscheint ihnen als ein großes Geheimnis und schon bald sehen sie ein, dass die Erwachsenen nicht alle Antworten haben. Dann kann die Kreativität zu einem wunderbaren Werkzeug *zum Erforschen der unerklärten Gebiete ihres Lebens* werden, ein Werkzeug, das ihnen helfen kann, ihre eigenen Antworten auf die Dinge zu finden, die sie beschäftigen oder faszinieren. Bei diesen Erforschungen brauchen die Kinder die volle Erlaubnis und das Verständnis der Erwachsenen, damit sie ihre Gefühle nicht unterdrücken und sich ihre Bedürfnisse nicht versagen. Es ist nicht immer leicht für Eltern, sich keine Sorgen zu machen, wenn auf den Bildern Tod, Gewalt oder Sexualität auftauchen. Diese Gebiete sind oft tabu.

Sie können ruhig entspannen, wenn solche Themen auftauchen. Emotional gesunde Kinder haben die Tendenz, in ihrer Freiheit wild und wagemutig zu sein und auch tabuisierte Gegenstände zu malen, wenn es sie dazu drängt. Wenn die Erwachsenen sich unbedingt Sorgen machen wollen, sollten sie sich lieber darum sorgen, was die Kinder sich *nicht* zu malen erlauben – und nicht darum, was sie malen. Alles, was ausgedrückt werden will, aber nicht zum Zuge kommt, bleibt im Inneren stecken und führt dort zu Störungen. Was gemalt wird, strömt zurück in den Fluss des Lebens und ist auf dem Weg, integriert oder überwunden zu werden.

Als ich sah, wie Michael ein Grab in die Mitte seines Bildes malte, beobachtete ich ihn mit großer Neugier. Er war gerade sechs geworden, ein munterer Junge mit kurzen, lockigen braunen Haaren. Das Malen war für ihn einfach ein weiteres Schulfach gewesen, das ihn davon abhielt, mit seinen Freunden Fußball zu spielen.

Unruhig und kaum in der Lage, sich auf seine Arbeit zu konzentrieren, hatte er die erste Sitzung damit zugebracht, Comicbuch-Charaktere aus der Erinnerung zu reproduzieren. Jetzt malte er ein Grab und das war kein Klischee. Das Bild war direkt aus seinem Inneren entsprungen und überraschte ihn selbst. Beim Malen versuchte er, ganz dicht vor seinem Bild stehen zu bleiben und das mutige Todessymbol mit seinem Körper zu verdecken. Er war besorgt und vermied es, mich anzuschauen. War er zu weit gegangen, fragte er sich.

Ich verhielt mich, als wäre nichts Besonderes geschehen. Michael malte zwei weitere Gräber und schaute mich zwischendurch immer wieder kurz an, um zu prüfen, ob alles in Ordnung war. Nach einiger Zeit schien er sich zu entspannen und anzufangen, seiner Intuition frei zu folgen, indem er weitere Gräber und eine Friedhofsmauer um sie herum malte. Der Drang, Gräber zu malen, wurde so stark, dass die Gräber sich bald über die Mauer hinaus in die Hügel ausbreiteten (siehe Bild 23).

Zur nächsten Malsitzung kam Michael zum ersten Mal zu früh, begierig, anzufangen. Während der ganzen Sitzung und auch die nächsten zwei Wochen malte er nichts als Gräber und Grabsteine; sein Interesse wankte nie.

Dann malte Michael auf einmal ein einzelnes Grab mit einem braunen Kreuz mitten auf sein Blatt. Er malte auch einen rosa Körper, der unter der Erde vergraben war, und schrieb seinen Namen in großen Buchstaben auf das Holz des Kreuzes (siehe Bild 24). Dieser Moment war der Höhepunkt seiner unglaublichen Erforschung von Leben und Tod. Er hatte seine kreative Freiheit bis zum Anschlag eingesetzt und war am Ende seiner kreativen Reise angelangt: Er hatte tief in seinem Inneren den Tod seines eigenen Körpers erforscht.

Dann malte Michael einen Apfelbaum voll mit roten Früchten direkt neben sein Grab. Er lief quer durch den Raum. „Michele! Das sind Äpfel! Du weißt, wie sehr ich Apfelkompott mag! Meine Mum macht es immer für mich!", sagte er mit zärtlicher Stimme. Zum ersten Mal hatte er mir etwas über sein Bild und sein Leben mitgeteilt.

Manche Eltern wollen mit dem Prozess ihres Kindes in Kontakt bleiben und kommen vorbei, um sich die Bilderserien anzuschauen, die im Laufe des Kurses entstehen. Ich nutze die Gelegenheit, um über den Prozess zu sprechen und etwas über die Familie des Kindes zu erfahren. Michaels Vater war zutiefst schockiert und besorgt. „Niemand in unserer Familie ist krank oder liegt im Sterben!“, rief er verwirrt.

Es brauchte viel Überzeugungsarbeit, um ihn zu beruhigen, dass die Gräber kein Omen waren, sondern der wunderbare Ausdruck von Michaels Erforschung des Lebens mithilfe der Kreativität. Michael hatte spontan sein Gefühl der Sterblichkeit erforscht. Er hatte sich auf eine einzigartige Suche begeben und eine Möglichkeit gefunden, reifer zu werden.

Schöpfer sind Bergsteiger. Sie besteigen den Berg ihrer inneren Welt, den Traumberg; egal, wie groß die Mühe sein mag – der Aufstieg ist eine reine Freude für die Seele. Eltern und Lehrer, die den Kindern beim Malen zuschauen, werden an das Mysterium ihres eigenen Lebens erinnert. Sie können einfach nur schauen und staunen.

Als Billy sich traute, Blut zu malen

Kein Vogel fliegt zu hoch,
wenn er sich mit seinen eigenen Flügeln in die Höhe schwingt.

WILLIAM BLAKE

Manchmal müssen Kinder rohe und intensive Bilder erschaffen; sie müssen furchterregende Gegenstände ebenso erforschen wie geheimnisvolle oder lustige. Wenn die Erwachsenen sie nicht davon abhalten, werden Kinder tief in mutige und spannende Erfahrungen eintauchen.

Eltern und Lehrern fällt es manchmal schwer, sich nicht mit diesen erschreckenden Themen zu identifizieren und sorgenvolle Schlüsse aus ihnen zu ziehen. Ich ermutige sie, sich selbst spontan auszudrücken und das großartige Gefühl der Erleichterung und sogar der Freude, das entsteht, wenn man finstere Darstellungen spontan entstehen lässt, aus erster Hand zu erleben.

Finstere Darstellungen können darauf hindeuten, dass *irgendein Druck losgelassen* wurde, dass *etwas Neues geboren* oder sogar ein inneres Gewicht abgeworfen wurde. Ich kann nur wiederholen und insistieren, dass es vollkommen *ungefährlich* ist, Kindern einen solchen Ausdruck zu erlauben. Wenn Kinder finstere Dinge malen, hören sie auf ihre Intuition mit ihren wohlwollenden und harmonisierenden Fähigkeiten. Das ist für Kinder immer ein sicherer Weg. Bitte, schauen Sie den Kindern einfach einmal zu und sehen Sie, was mit ihnen geschieht, wenn sie solche so genannten finsteren Darstellungen gemalt haben. Wie froh und gelöst sie werden! Erinnern Sie sich daran, dass ein reiner und spontaner Ausdruck, ganz gleich, worin die Darstellung genau besteht, immer natürliche Heilung bringt und die Integration der Gefühle fördert.

Wenn Kinder spüren, dass ihr Tun nicht eingeschränkt wird, bricht ihre kreative Leidenschaft mit Begeisterung hervor. Dieser Zustand offener Kreativität ist ansteckend und kann sich in einem Malatelier wie ein Wildfeuer ausbreiten.

Billy, ein untersetzter rothaariger Siebenjähriger, hatte sich gerade selbst gemalt, aufrecht stehend, die Arme an den Seiten. Als er mit seinem Körper fertig war, malte er einen kleinen Blutstropfen, der aus seiner rechten Hand tropfte. Mit schuldigem Blick und sichtlich besorgt wandte er mir den Kopf zu und wartete auf meine Reaktion. Ich konnte seinen prüfenden Blick auf mir spüren, seine Unsicherheit, ob er jetzt bestraft oder gestoppt würde. Hatte er eine Grenze überschritten?

Als er merkte, dass nichts Schlimmes passieren würde, fügte er sorgfältig einen weiteren Tropfen hinzu. Er schaute mich an, immer noch etwas besorgt. Aber wieder zeigte mein Gesicht keinen Alarm. Er sollte spüren, dass nichts Falsches passiert war und dass er die volle Freiheit hatte, auf seinen kreativen Instinkt zu reagieren. Er füllte seinen Pinsel wieder mit roter Farbe und traute sich, einen weiteren Blutstropfen zu malen ... und ... wieder einen ... und noch einen ... und noch einen. Schon bald verzichtete er darauf, sich bei mir zu vergewissern, und malte immer weiter, bis die Tropfen ineinander übergingen und das untere Drittel seines Bildes füllten. Der Junge auf dem Bild stand bis zu den Knien im Blut. Und Billy wollte überhaupt nicht mehr aufhören.

„Michele, Michele!", schrie ein anderer Junge und rannte beunruhigt auf mich zu. „Billy malt Blut! Hast du das gesehen?"

„Na und?", entgegnete ich beiläufig.

Verdutzt und mit halb offenem Mund blickte mich der andere Junge ungläubig an. Irritiert hielt er einen Moment inne und beeilte sich dann, ebenfalls rote Farbe zu holen und Blut auf sein Bild zu malen. Schon bald war alles voller Rot: Es floss aus einem Lastwagen, strömte über die Berge und aus den Menschen. Er glühte vor Aufregung.

Innerhalb einer halben Stunde waren alle Kinder voller Inbrunst dabei, Blut zu malen und gemeinsam dieses mysteriöse Tabu zu brechen. Billy hatte inzwischen den ganzen Bildhintergrund mit Blut gefüllt. Ich betete, dass kein anderer Lehrer in das Atelier kommen und negative Kommentare abgeben oder sogar versuchen würde, uns aufzuhalten.

Warum war es so faszinierend für die Kinder, Blut zu malen? Wenn das erlaubt ist, müssen sie gedacht haben, dann sind unserem kreativen Ausdruck keine Grenzen oder Tabus mehr gesetzt. Sie hatten gespürt, wie der Wind der Freiheit in das Atelier und durch ihre Schöpfungen geweht war.

Kinder müssen erfahren, dass ihre Gefühle und Wahrnehmungen in Ordnung und ihre spontanen Schöpfungen natürlich und gesund sind. Sie müssen die Botschaft erhalten, dass es nie einen Grund für Scham oder Unterdrückung gibt.

Am Ende der Sitzung kam Billy zu mir. „Meine Eltern lassen sich scheiden", sagte er mit zutiefst besorgter Stimme, die direkt aus seinem traurigen Herzen kam. Zum ersten Mal vertraute er sich mir an – als könnte er mich plötzlich als Zuhörer schätzen und mir vertrauen. Und ich hörte ihm wirklich zu.

Wenn Kinder in ihre kreative Leidenschaft eintauchen, sprechen sie oft spontan über ihre Geheimnisse oder Sorgen. Vertrauen muss bestehen, damit das möglich ist. Was sie einem anvertrauen, steht meistens in keinem direkten Bezug zu ihrem Bild. Wenn solch ein magischer Moment stattfindet, achte ich sehr aufmerksam auf jedes Wort. Beginnen sie aber nicht von sich aus, etwas zu erzählen, respektiere ich ihr Schweigen und dränge sie nie mit Fragen. Meine Beziehung zu den Kindern im Atelier basiert auf Respekt und soll ihnen die Möglichkeit geben, auf eigene Weise zu erforschen, wer sie sind und was sie brauchen. Ich versuche immer, einen Raum für sie zu schaffen, der frei ist von Einfluss oder Druck.

Wenn Kinder malen, möchten sie nicht, dass jemand ihnen Fragen stellt oder ihre spontanen Darstellungen verbietet. Ich rate allen Lehrern und Eltern eindringlich, stets darauf zu achten. Wenn wir den Kindern achtsam zuschauen, können wir leicht bemerken, wie sehr sie von diesen Ansprüchen verletzt werden. Wenn sie ihre Bilder erklären und rechtfertigen müssen, verlieren sie das kostbare Gefühl, ein Mysterium zu berühren, und der unbeschreibliche Kontakt zu ihnen selbst, der sich während des schöpferischen Tuns entwickelt, ist dahin. Sie müssen den intimsten, eigensten Ort der Intuition verlassen. Die heilige Erfahrung der Schöpfung wird auf eine weltliche Ebene gezerrt und ihre Kreativität – ja, ihre ganze Welt – wird eng.

Transparenz erforschen

Klopfe an deine innere Tür. Keine andere.
RUMI

Wenn kreative Freiheit besteht, erforschen Kinder Innen- und Außenwelten und erfahren manchmal das göttliche Abenteuer, durch Dinge hindurch zu sehen. Transparent zu malen ist, als hätten sie einen Röntgenblick und könnten erforschen, was unter der Materie liegt. Fische im Wasser sind ein sehr einfaches Beispiel dafür (siehe Bild 25), oder der Blick in ein Haus durch die Wände. Beim Malen von Transparenz können Kinder auch tiefe Gefühle ausdrücken: Hier können Aspekte ihrer Welt sichtbar werden, die normalerweise verborgen oder mit dem nackten Auge unmöglich zu sehen sind.

Carole, eine lebhafte und spielerische Siebenjährige mit kurzen Locken, war vollkommen in ihre Schöpfung vertieft. Sie hatte ein Ei mit einem kleinen gelben Küken darin gemalt. Es freute mich, dass sie es sich erlaubt hatte, das *Innere* des Eies zu malen. Angeregt von ihrer Freiheit begann sie, das verborgene Mysterium ihrer Welt zu erforschen. Jetzt malte sie ihr Haus, und ich konnte *durch die Wände hindurch* ihre Mutter und ihren kleinen Bruder sehen, der mit roten Autos spielte.

Plötzlich malte Carole mit zartem Strich ein winziges rosa Baby in den Bauch ihrer Mutter. Als sie damit fertig war, schaute sie mich nachdenklich mit großen Augen an und sagte: „Ich werde bald ein kleines Schwesterchen bekommen."

Carole hatte keine Anleitung erhalten, wie man malt; ich hatte ihr die Freiheit gegeben, selbst zu forschen – und damit die Erlaubnis, durch die Dinge hindurch zu schauen, in sie hinein zu gehen und zu malen, was sie dort vorfand. Sie hatte die Gesetze von Dichte und Schwerkraft überschritten und

war direkt in ihr Herz gewandert. Ihre Gefühle durften sich auf jede mögliche Weise und in alle Richtungen entfalten.

Kinder lieben es, angefeuert von ihrer Intuition und der Lust auf Abenteuer in Dinge wie Bäume, Schlösser, Wolken, Tiere und Menschen hineinzuwandern. Jeder Gegenstand kann irgendetwas in sich bergen, das wiederum etwas in sich birgt; die Möglichkeiten sind endlos und ziemlich spannend. Was gemalt wird, ist in der materiellen Welt oft nicht zu sehen. Doch seine Erschaffung folgt dem Drängen kraftvoller Gefühle und dem Bedürfnis, sie zu erforschen.

Schwerkraft und Dichte werden dem kreativen Ausdruck und der inneren Wahrheit geopfert. Carole erschuf eine vollkommen eigene Welt. Ihr Pinsel erforschte das Innen und das Außen – keine Grenzen, keine Einschränkungen, kein *Sollte*, kein *Müsste*. Alles war möglich. Die Freiheit, nicht einem Vorbild genügen oder der Logik folgen zu müssen, war aufregend. Erwachsene fürchten sich oft davor, oder sind nur sehr vorsichtig bereit, solchen spontanen kreativen Bedürfnissen zu folgen, und sie können das Kind unabsichtlich dafür verurteilen. Sie sollten die äußerste Wichtigkeit des freien Ausdrucks begreifen und nie bestimmen, was akzeptabel ist und was nicht. Jeder schöpferische Ausdruck, der spontan erfolgt, muss als natürlich, harmonisch und *perfekt* gesehen werden. Das traditionelle Kunstverständnis mit seinen Grenzen ist hier fehl am Platz.

Wenn sie sich frei fühlen, verändert sich die Haltung der Kinder und ihr gesamtes Wesen wird von ihrem Tun ergriffen; sie werden lebendiger. Mit der vollen Erlaubnis, die Realität zu manipulieren, werden diese jungen wilden Schöpfer zu Forschern; alles beugt sich ihrem Erfindungsreichtum. Die Gestalten, Formen und Farben der Kreativität sind nur zu bereit – ja, glücklich –, sich dem kraftvollen Pinsel eines freien Kindes hinzugeben.

Die Malbuch-Falle

Gib einem Kind, das fliegen kann, keine Krücken.
MICHELE CASSOU

Eltern und Lehrer müssen den kreativen Geist in kleinen Kindern lebendig halten. Einem Kind ein Malbuch zu geben, heißt, ihm ungewollt zu sagen: „Fang bloß nicht an zu forschen! Bleibe innerhalb der Linien. Denke auf keinen Fall daran, irgendetwas zu erfinden und wähle nicht einmal die Farben selbst. Du bist nicht gut oder alt genug, um das alleine zu können. Mache nach, was die Erwachsenen dir vorgemacht haben." Angezogen von den leuchtenden Abbildungen, verbringen die Kinder bereitwillig ihre Zeit damit, mechanisch den Anleitungen zu folgen und vorgegebene Leerräume auszufüllen. Malbücher können attraktiv für sie sein, weil man, anders als bei anderen Büchern, in ihnen malen darf. Die Kinder freuen sich, dass die Eltern sich für sie interessieren und ihnen zeigen können, wie man die leeren Flächen mit Farbe ausfüllt. Sie haben immer Freude daran, es ihren Eltern *recht zu machen*, und sie glauben auch, die Eltern wüssten es am besten. Das eigentliche Tun ist vollkommen automatisch und sie nehmen es einfach nur brav hin.

Die Bitte, das Kind solle ein Malbuch ausmalen, vermittelt ihm die unmissverständliche Botschaft, es solle seine Intuition und seine Spontaneität nicht nutzen –, eine Botschaft, die seinen Forscherinstinkt abwürgt. Mit dieser indirekten Botschaft schwächen oder zerstören die Erwachsenen seine ursprüngliche Erfindungskraft. Ich denke, Malbücher sollten vermieden werden, um den kreativen Prozess eines Kindes zu schützen. Die Verwendung solcher Bücher prägt die schlechte Angewohnheit, sich beim Malen und Zeichnen auf die Anleitungen anderer zu verlassen. Die Kinder werden beim Malen von den Ideen anderer abhängig und unterdrücken ihre eigene schöpferische Kraft.

Als ich letzten Sommer eine Freundin besuchte, bat mich ihre dreijährige Tochter Sophia, ein lebhaftes, offenes Kind, mit ihr zu spielen. Ich folgte ihr in ihr Spielzimmer. Sie holte zwei Malbücher und einige Buntstifte aus einem offenen Schrank. Wir setzten uns an einen kleinen Tisch und sie öffnete eines der Malbücher auf einer noch nicht ausgefüllten Seite und gab mir das andere.

„Ich mag es nicht, vorgefertigte Bilder auszumalen!", rief ich mit gespieltem Ekel.

Sie fixierte mich mit ihrem Blick und antwortete mit autoritärer Stimme, keinen Widerspruch duldend: „Ich mag es. Ich mag es!"

„Ich mag es nicht, wenn man mir sagt, was ich ausmalen soll und welche Farbe ich nehmen soll!", beharrte ich. Sie ignorierte mich und begann zu malen. Ich malte auch, *aber über die Linien hinweg*. Ich malte ein paar Blumen in die leeren Ecken und einige meiner Striche überquerten die vorgegebenen Bilder.

Sophia schaute mir ratlos und aufmerksam zu. Dann fuhr sie, ohne ein Wort zu verlieren, damit fort, ihr jämmerliches, vorgefertigtes gelbes Kaninchen auszumalen.

Wenige Minuten später begann sie plötzlich, über ihr Kaninchen zu kritzeln. „Ich mag es nicht!", rief sie mit einem verschmitzten Lächeln.

Gut, dachte ich. Sie kommt zu sich selbst zurück.

„Vielleicht könnten wir ein paar leere Blätter finden", schlug ich vor. „Ich mag einfaches weißes Papier." Sie war sofort einverstanden.

Wir durchsuchten den ganzen, vor Malbüchern überquellenden Schrank. Nach zehn Minuten entdeckten wir endlich ein kleines Stück sauberes Papier, es hatte allerdings Linien.

„Ich mag es, wenn nichts auf dem Bild ist!", sagte ich. „Dann kann ich alles, absolut alles tun, was ich will – und du kannst das auch. Möchtest du etwas erfinden?", schlug ich vor.

Ohne mir zu antworten, wählte sie einen knallroten Stift und malte mit ungewöhnlicher Konzentration etwas, das ein Fisch sein konnte. Dann überzog sich ihr Gesicht mit einem breiten Lächeln. Ich zwinkerte ihr zu. Von da an waren wir Partner.

KAPITEL VIER

Freiheit und kreativen Geist bewahren

Dieses Kapitel enthält Empfehlungen für Eltern und Lehrer, die sie dazu anleiten, die Kreativität der Kinder zu lenken und anzuregen. Ich gehe genauer darauf ein, dass

- **Freiheit beim schöpferischen Tun Inspiration und Eigenständigkeit fördert.**
- **die Aufhebung von Regeln und Erwartungen die schöpferische Kraft der Kinder befreit.**
- **Kritik, Zensuren und Wettbewerbe die schöpferische Kraft der Kinder ernsthaft behindern können.**
- **Eltern und Lehrer eine entscheidende Rolle bei der kreativen Entwicklung der Kinder spielen.**

Beispiele für *angemessene Reaktionen und Kommentare* sind angefügt.

Freiheit und der kreative Prozess

Wir machen uns entweder unglücklich oder wir machen uns stark. Der Aufwand ist derselbe …

CARLOS CASTANEDA

Kinder sind schnell bereit, Erwachsenen nachzueifern: ihr Werk zu beurteilen. Das schöpferische Spiel wird von der Angst erstickt, wie das Ergebnis aussehen könnte. Die Freiheit, etwas zu erschaffen, kann *in einem einzigen Augenblick* der Selbstkritik verloren gehen. Dann beginnt der Kampf. Als Eltern und Lehrer müssen wir den Kindern beibringen, ihrem Werk *zu vertrauen und es zu achten*. Wir müssen sie lehren, Kreativität als einen *Prozess* zu betrachten.

Wir Erwachsenen sind darauf konditioniert, jeden künstlerischen Ausdruck zu beurteilen: Ein Gemälde gefällt oder missfällt uns sofort, und wir entscheiden schnell, welcher Teil eines Werkes gut oder schlecht ist und was verändert oder korrigiert werden sollte. Unsere ganze Gesellschaft ist darauf geeicht, die Ergebnisse unserer kreativen Arbeit zu beurteilen. Diese Einstellung lähmt unsere Intuition.

Kinder spüren unsere Urteile gegenüber ihrem Werk, selbst wenn wir sie zu verstecken versuchen. Sie lassen sich *nie* etwas vormachen. Wenn wir den Kindern helfen wollen, ihren kreativen Geist zu befreien, müssen wir umlernen. Wir müssen alte Urteilsgewohnheiten ablegen und lernen, Kreativität als Prozess zu betrachten. Dann – und nur dann – können wir Kinder auf ihren kreativen Reisen begleiten und unterstützen.

Befreit von ihren eigenen Urteilen entwickeln Kinder kreative Muskeln; ihre neue Stärke erlaubt ihnen, die immense Welt der Kreativität zu erforschen, *ohne sich selbst zu verlieren*. Ihr Erfindungsreichtum wächst und ihre Leidenschaft blüht. Sie werden *eigenständig*.

Aus dem Augenwinkel sah ich plötzlich, dass Jack, ein schmaler Zehnjähriger, sein knallrotes Feuerwehrauto übermalte. Ich lief zu ihm hinüber.

„Was ist los?", fragte ich alarmiert.

„Es sah blöd aus!", sagte er frustriert. „Mein Feuerwehrschlauch sieht aus wie eine Schlange!"

„Jack, ich frage mich, was du siehst, wenn du diesen Schlauch anschaust. Ich sehe da kein Problem. Kannst du ihn nicht einfach sein lassen? Er ist nicht von deiner Meinung abhängig. Manchmal sehen Wasserschläuche eben wie Schlangen aus, warum nicht? Das ist spannend und geheimnisvoll, wie in einem Traum oder einem aufregenden Film!", sagte ich spielerisch.

Jack schaute mich an, zuerst verärgert, dann nachdenklich. Vielleicht musste er sich *nicht* schlecht mit dem fühlen, was er getan oder erkämpft hatte. Wie interessant! Es gab eine andere Möglichkeit, seinen Schlauch zu betrachten.

„Warum malst du das, was du eben übermalt hast, nicht *einfach wieder hin*... deinen merkwürdigen Schlangenschlauch", schlug ich vor.

Etwas, das man gerade zerstört hat, wieder hinzumalen, ist eine Möglichkeit, sein Werk *zu respektieren* und der urteilenden Stimme zu sagen, dass sie nicht willkommen ist. Es befreit das Kind von seinen Versagensgefühlen und gibt ihm die Eigenständigkeit und die Spielfreude zurück, die mit der Beurteilung verschwunden waren.

„Okay!", sagte er und versuchte auf andere, liebevollere Weise mit seinem Bild umzugehen. Jack fühlte sich durch diese unerwartete Einstellung auf einmal so befreit, dass, nachdem er sein Bild wiederhergestellt hatte, auf einmal zwei Schlangen auftauchten und sich um den Schlauch wanden! Mit einem zufriedenen Lächeln gab er den tanzenden roten Zungen der grünen Reptilien den letzten Schliff.

„Michele! Kann ich neu anfangen? Ich habe alles falsch gemacht!", rief die achtjährige Kathy frustriert und wies auf den zarten Beginn eines Bildes, eine rosa gemalte Frau.

„Was ist passiert?", fragte ich.

„Die Hände sind zu groß!", antwortete sie verstört.

„Oh! Nein! Oh nein, Kathy! Es ist gar nicht falsch; es ist einfach nur anders geworden, als du es erwartet hattest. Alles ist gut gegangen." Ich hielt ihr meine ausgestreckte Hand ganz nah vor die Augen. „Wie sieht meiner Hand jetzt aus?", fragte ich.

„Sieht groß aus!", antwortete sie.

„Hände sind verschieden groß, je nachdem wie man sie anschaut. Manchmal erscheinen sie größer, als man denkt, manchmal kleiner. Interessant, oder? An deinem Bild ist nichts falsch. Ich glaube *ganz und gar nicht*, dass du falsch angefangen hast."

„Wirklich?", sagte sie verwundert.

„Ja, wirklich", sagte ich voller Überzeugung und *meinte* es auch so.

Zögernd wandte sie sich wieder ihrem Werk zu. Schon bald schien sie die Hände vollkommen vergessen zu haben, die jetzt voller Eleganz zwei große gelbe Gänseblümchen hielten. Die Hände waren in einem rosa Farbton gemalt und die Finger sorgfältig umrahmt. Leuchtend rote Rosen umrankten die in ein grünes Gewand gekleidete Frau, ihre Mutter. Das Hindernis war überwunden. Kathy hatte eine Möglichkeit gefunden, eine spontane Darstellung zuzulassen und ihr Bild nicht zu zerstören oder zu manipulieren. Sie war entspannt und genoss die Leichtigkeit ihrer urteilsfreien Haltung. Von Versagen keine Spur. Alles war, wie es sein sollte.

„Oh! Mein Gott! Diese hübsche lila Blume ist zerquetscht!", sagte ich, Hand auf dem Herzen. „Das tut weh!" Und das stimmte: Es tat *wirklich* weh. Ein sechsjähriges Kind, das sich selbst kritisiert, ist ein sehr schmerzhafter Anblick.

Camille schaute mich ungläubig an. „Sie war nichts geworden!", erklärte sie bedrückt und übermalte ihre lila Blume mit dunkelbrauner Farbe.

„Oh! Das glaube ich nicht!", sagte ich.

„Sie war ... schrecklich!", beharrte sie selbstgerecht, einen angespannten und traurigen Ausdruck im Gesicht.

„Lass uns diese Blume zurückholen. Sie gehört hierher", sagte ich sachlich. „Ich bin mir sicher, du willst diese Blume nicht wirklich töten. Sie wuchs genau an dieser Stelle auf deinem Bild wie in einem Garten. Sie ist einzigartig und gleicht keiner anderen. Deshalb ist sie wertvoll. Alle Blumen sind verschieden und diese ist deine eigene spezielle Blume. Du könntest sie lieben. Bevor du nächstes Mal irgendetwas übermalst, denke daran, mich zuerst zu rufen. Ich werde dir ein paar magische Tricks zeigen, wie man sein Werk nicht beurteilt." Ich zwinkerte ihr zu und überließ sie ihren Gedanken.

In meinem Unterricht arbeite ich hart daran, die Richtig- und Falsch-Urteile aufzulösen. Ich bemühe mich konstant, die Wurzeln einer Konditionierung zu kappen, die die Kinder dazu anhält, alles, was sie tun, als Erfolg oder Misserfolg zu sehen, und ihr Werk zu zensieren.

Camille musste verstehen, dass sie ihr Werk auch auf andere Weise anschauen konnte. In der nächsten Stunde gewann sie ihre Freiheit zurück, und mit ihr die unbesorgte Freude am Malen ohne Selbstkritik.

Eltern und Lehrer sollten nicht zögern, die Kinder immer wieder daran zu erinnern, dass sie sich beim schöpferischen Tun in einem Prozess befinden, dass Urteile über ihre Arbeit nicht funktionieren und unterbleiben sollten, und dass das Ergebnis unwichtig ist und nur das Tun zählt. Dann können die Kinder entdecken, dass sie ihr Bild auf urteilsfreie Weise betrachten können, eine Weise, die ihnen Freiheit gibt.

Der Donner der Kritik

Man braucht sehr lange, um jung zu werden.
PABLO PICASSO

Was uns an Kindern am meisten berührt, ist ihre Verletzlichkeit. Ihre Unschuld hilft uns, unsere Herzen zu öffnen und zuzuhören. Kinder, die sich auf natürliche Weise kreativ ausdrücken, sind weit offen und hingegeben an ihr Herz, und gehen spontan auf ihre inneren Bewegungen und Sehnsüchte ein. Sie sind in ihre Kreation vertieft, Kopf, Herz und Seele sind im Einklang bei diesen Reisen in ihre Traumwelt. Wenn jemand ihre Arbeit kommentiert oder Fragen stellt, ist das wie ein Donnerschlag, der sie aus diesem wunderbaren Zustand herauskatapultiert. Selbst bei positiven Kommentaren wird ihr kreatives Feld wie von einem Blitzschlag getroffen. Sie werden brutal aus ihm herausgerissen und in die enge Welt von Erfolg und Versagen gestoßen.

Ein Kommentar kann ihren sorglosen Geist in einem einzigen Augenblick schädigen oder zerstören: Das erschreckte Kind wird dazu bewegt, in eine andere Realität einzutreten, in der es das, was es tut, rechtfertigen, erklären oder korrigieren muss. Es muss ihm einen Sinn zuschreiben, darauf stolz sein oder sich dafür schämen. Manchmal ist nur sehr schwer zu verstehen, dass ein positiver Kommentar die Kreativität behindern kann. Das Prinzip ist einfach: *Alles, was Kinder aus ihrem kreativen inneren Raum – dem Nullpunkt – zieht, ist nicht gut.* Ein lobender Kommentar lässt sie ihr Werk *als Ergebnis und nicht mehr als Prozess sehen.* Wir Erwachsenen sind darauf konditioniert, zu glauben, dass Komplimente die Selbstsicherheit fördern und Unterstützung geben. Das tun sie manchmal auch, in bestimmten Gebieten im Leben. Aber es ist eine Tatsache, dass die Selbstsicherheit am stärksten wächst, wenn Kinder dafür geschätzt werden, *wer sie sind, nicht für das, was sie tun.* Können wir unsere Anerkennung vom Ergebnis lösen und zum Prozess hin bewegen? Vom

Bild zu dem hin, der es malt? Kann unsere Wertschätzung auf Verständnis und Respekt beruhen?

Kreativität duldet nur einen einzigen Meister. Prozess und Produkt gehen nicht zusammen. Die Kinder können nicht aus Point Zero, dem Nullpunkt, schöpfen und einen anderen Teil von sich in der Welt der Konkurrenz lassen. Es liegt an uns zu verhindern, dass diese *Spaltung* passiert.

Der herzlose Kühlschrank

Die größte Verletzung entsteht durch die Botschaft,
dass Kreativität benutzt werden kann, um irgendwelche
Dinge zu erhalten – und nicht zur Freude der Sinne und der Seele.

MICHELE CASSOU

Eltern und Lehrer sollten die kreativen Werke der Kinder nicht achtlos behandeln. Sie müssen Kinder vor dem mitleidslosen Druck der Welt mit seiner ständigen Kritik- und Beurteilungssucht bewahren, indem sie ihre Bilder *schützen*. Wenn wir wollen, dass unsere Kinder bleibende kreative Leidenschaft finden, sollten wir ihnen nicht nur einen sicheren Platz zum Malen, sondern auch einen sicheren Aufbewahrungsort für ihre Werke bieten. Die Kinder brauchen bei jedem Aspekt ihrer Kreativität unsere Unterstützung. Sie brauchen es, dass die Erwachsenen die Tiefe und die Sensibilität ihrer kreativen Reisen verstehen.

Jennifer, eine zartbesaitete, sensible Fünfjährige, hörte ihren Bruder abschätzig sagen: „Deine Katze sieht aus wie ein großer Marienkäfer!"

Hilflos wandte sie sich ab, einen traurigen Ausdruck im Gesicht. Sie erwiderte nichts, aber irgendetwas verschloss sich in ihr und sie warf einen finsteren Blick auf den Kühlschrank. Jennifers Kunstwerk war mitten in der Küche an die Kühlschranktür geheftet worden, bedroht von Fettflecken, Wasserspitzern und schmutzigen Fingern. Aber das war nicht alles: Ihr kostbares Werk durfte jetzt von jedem, der in die Küche kam, kommentiert werden –, auch von Fremden wie den Freunden ihres Bruders oder dem Handwerker.

Jennifer hatte die Katzenmutter und ihre neu geborenen Babys, die sie beim Nachbarn gesehen hatte, mit großer Liebe gemalt. Sie hatte ihr Herzblut gegeben. Doch jetzt hing das arme Katzenbild vollkommen ausgeliefert am Kühlschrank, jeder Störung ausgesetzt und offen für Kritik.

Ich will damit nicht sagen, dass Jennifers Bild eigentlich gerahmt und im Wohnzimmer aufgehängt werden müsste. Das würde genauso eine falsche Botschaft vermitteln. Es wäre zwar eine elegantere und sensiblere Lösung, aber auf lange Sicht würde Jennifers neugeborene Kreativität genauso verletzt.

Ein einzelnes Bild herauszunehmen und dem Blick und dem Urteil anderer preiszugeben, birgt viele Risiken und kann die Kreativität eines Kindes schlicht abwürgen. Das Kind fragt sich, warum gerade dieses Bild gewählt wurde: War es besser als die anderen? Wäre Jennifer gelobt worden, hätte sie sich gefreut und geschmeichelt gefühlt, aber sie hätte auch den Druck verspürt, weiterhin erfolgreich zu sein und weitere Werke auszustellen. Sie hätte sich abgemüht, das nächste Bild genauso schön zu machen, und aus lauter Versagensangst womöglich begonnen, das gelobte Werk immer wieder zu reproduzieren. Mit anderen Worten, Jennifer hätte ihre Kreativität manipuliert und benutzt, um Werke zu produzieren, die anderen gefallen. Ständig übergangen, hätte sich ihre Intuition zurückgezogen, und ein Teufelskreis hätte begonnen. Der Akt des Malens hätte der Herstellung von Waren gedient und wäre zu Arbeit geworden.

Jeder von uns weiß, wie es ist, nicht gewürdigt zu werden, und wie weh es tut. Daher glauben wir oft, die Bedürfnisse des Kindes besser zu unterstützen, indem wir es loben. Das funktioniert aber nicht so. *Wahre Unterstützung basiert auf wahrem Verständnis.* Könnte das Aufhängen des Bildes genauso zerstörerisch wirken wie eine Kritik? Ja! In beiden Fällen würde Jennifer ihre unschuldige Spontaneität verlieren und stattdessen befangen und selbstkritisch werden. Ihre intuitive Kraft würde wahrscheinlich schrumpfen oder sogar verebben, je nachdem, wie empfindsam ihre Reaktion auf eine solche Zurschaustellung wäre. Wird Jennifer jemals wieder die reine Freude am freien schöpferischen Tun empfinden, diese kostbare, intime Beziehung zu ihrem Werk? Wir können nur das Beste hoffen.

Ich empfehle Ihnen, die kreativen Werke der Kinder sorgfältig in Kunstmappen aufzubewahren. Schreiben Sie ein Datum auf die Rückseite jedes Bildes und bewahren Sie es mit den andern Bildern zusammen auf. Das Kind weiß, was mit den Bildern geschieht, und spürt, dass sein Werk respektiert wird. Es muss sich keine Sorgen machen; ein sicherer Raum wurde geschaffen.

Steht der Tisch gerade?

Der Stängel einer Blume bewegt sich,
wenn die Luft sich bewegt.
RUMI

Erwachsene glauben oft, Kinder müssten die Regeln der *Perspektive* lernen, selbst wenn sie sie später wieder brechen müssen, um ihre Originalität zu finden. Das klingt wie eine gute Theorie, funktioniert aber leider nicht so. Wenn Kinder lernen, beim Malen irgendwelchen Regeln zu folgen, *verlieren* sie ihre kreative Integrität. Anstatt Point Zero, den Nullpunkt, zu suchen, denken und planen sie und wenden eine Technik an, um bestimmte Resultate zu erzielen. Ihre Intuition und ihr spontaner Ausdruck verbergen sich ungenutzt im Hintergrund. Ihr kreativer Prozess verliert das Potenzial, die Bilder als Teil einer *natürlichen Evolution* zu gebären, bei der die Perspektive ganz von selbst zur richtigen Zeit entdeckt wird.

Andy, eine liebenswerte Sechsjährige mit goldenen Locken, hatte mit großer Konzentration einen braunen Holztisch und einen Stuhl gemalt. Auf ihrem Bild hatte sie Teller, Gläser und Kerzen auf den Esstisch gestellt und die Stühle mit rotgeblümten Kissen ausgestattet (siehe Bild 14).

„Jetzt werde ich Lasagne malen", sagte sie leise zu sich selbst. „Jetzt den Traubensaft! Oh! Und jetzt die Servietten." Begeistert malte sie verschiedene Details auf ihr Bild, und fügte plötzlich einen Jungen hinzu, der aus einer Seitentür in den Essraum gelaufen kam. Er verfolgte eine Katze, die einen Wurf Mäuse verfolgte. Andy spielte, versunken in ihre spontane Inspiration.

Als der Kurs vorbei war, blickte ihr Vater, der sie abholen kam, durch die Tür und starrte auf Andys Bild, einen verwirrten Ausdruck im Gesicht. Dann fragte er mich: „Warum bringen Sie ihr keine korrekte Perspektive bei? Die Tischbeine sind vollkommen falsch." Er hatte einen herzlichen Ton angeschlagen, war aber ernsthaft verstört über meine mangelnden technischen Instruktionen in Bezug auf etwas, das ihm so grundlegend vorkam.

Mir sank das Herz, weil ich sah, dass Andy ihn gehört hatte. Die Freude in ihrem Gesicht verflog. Sie gab mir ein ertrinkendes Lächeln und nahm dann, bevor ich irgendetwas sagen konnte, schnell die Hand ihres Vaters und zog ihn aus der Tür, eine Spur von Traurigkeit hinterlassend.

Andys Vater hatte nur das Beste gewollt. Mir wurde klar, dass ich dringend einen Kurs für Eltern anbieten musste. Ich würde mit einem längst überfälligen Telefonanruf starten.

Was wäre wohl passiert, wenn ich Andy aufgefordert hätte, die Tischbeine gerade zu machen? Sie wusste nicht, dass sie nicht aussahen, wie ein Erwachsener es erwarten würde. Für sie waren sie perfekt, exakt wie ein Kind in ihrem Alter sie gerne haben will. Es war nicht ihr Mangel an Technik, der ihr im Wege stand –, *ihre räumliche Wahrnehmung* musste sich einfach noch *entwickeln* und brauchte in jenem Moment genau diese Art der Repräsentation. Mit der Zeit würde sich ihre Wahrnehmung von selbst ganz natürlich entwickeln. Sich selbst überlassen, folgt die Kreativität der Kinder einer organischen Evolution. Diese natürliche Bewegung hat ihre eigene Intelligenz und muss respektiert werden (siehe Kapitel 1, Seite 25).

Wäre Andy dazu angeleitet worden, ihre Bilder mit der üblichen Perspektive zu malen, hätte sie ihre eigene Weise zu erforschen und darzustellen, was sie wahrnahm, unterdrücken müssen. Sie hätte sich nach einem Modell gerichtet und ihre freie und einzigartige Inspiration verloren. Malen wäre dann zu einer Pflicht geworden, die man erfüllen muss, einer freudlosen Aktivität. Genau das haben die meisten von uns in der Kindheit erlebt. Wir sollten es nicht weiterführen.

Können wir, Eltern und Lehrer, jetzt den Teufelskreis der Konditionierung unterbrechen, indem wir Verständnis und Respekt für die Schöpfungen der Kinder entwickeln? Können wir ihnen die tiefe Sicherheit bieten, die sie brauchen, um im außergewöhnlichen Zustand reiner Inspiration zu wandern?

Kindern Feedback geben

Meine Pflicht ist dies: transparent zu sein.
PABLO NERUDA

Es ist eine Tatsache, dass Eltern, Lehrer und Berater versuchen, die Kreativität der Kinder zu fördern, oft jedoch nicht wissen, wie. Mit beiläufigem Feedback und wohlmeinenden, aber unpassenden Bemerkungen können sie ungewollt den kreativen Geist der Kinder untergraben. Kinder hungern nach wahrer Anerkennung. Sie wollen keine Komplimente, Meinungen oder blinde Unterstützung für das, was sie tun. *Sie wollen gesehen werden.* Positive oder negative Einschätzungen schieben die Kreativität auf eine oberflächliche Ebene. Eltern und Lehrer sollten die *Werke der Kinder niemals vergleichen*. In einem Atelier ist keiner begabter als der andere.

Alle Kinder schöpfen auf der Basis dessen, wer sie sind, und auf die beste Weise, die ihnen gegeben ist. Die Schönheit liegt in der Unschuld und Wahrhaftigkeit ihrer Geste, nicht in einer kritischen, ästhetischen Einschätzung. Wenn Lehrer und Eltern die Vorstellung von besser und schlechter gar nicht erst einführen, tun die Kinder das auch nicht. Etwas ältere Kinder sind schon konditioniert worden, auf diese Weise zu denken. Dann ist es die Aufgabe der Erwachsenen, die unglückliche Konditionierung zu durchbrechen. Erwachsene müssen nur zuverlässig die Haltung ausstrahlen, dass *kein Wettbewerb, kein Vergleich* besteht; die Kinder nehmen das ziemlich schnell auf und entspannen.

„Immer, wenn ich meiner Mutter zeige, was ich gemalt oder gezeichnet habe, ruft sie aus: Das ist sooo schön! Soooo wunderbar!“, sagte Annie, eine temperamentvolle Achtjährige, mit der Stimme ihrer Mutter und warf die Arme in die Luft. „Es ist egal, was ich ihr zeige, sie sagt immer dasselbe!“ Und um das Ganze zu illustrieren, fügte sie hinzu: „Einmal habe ich ihr eine Krit-

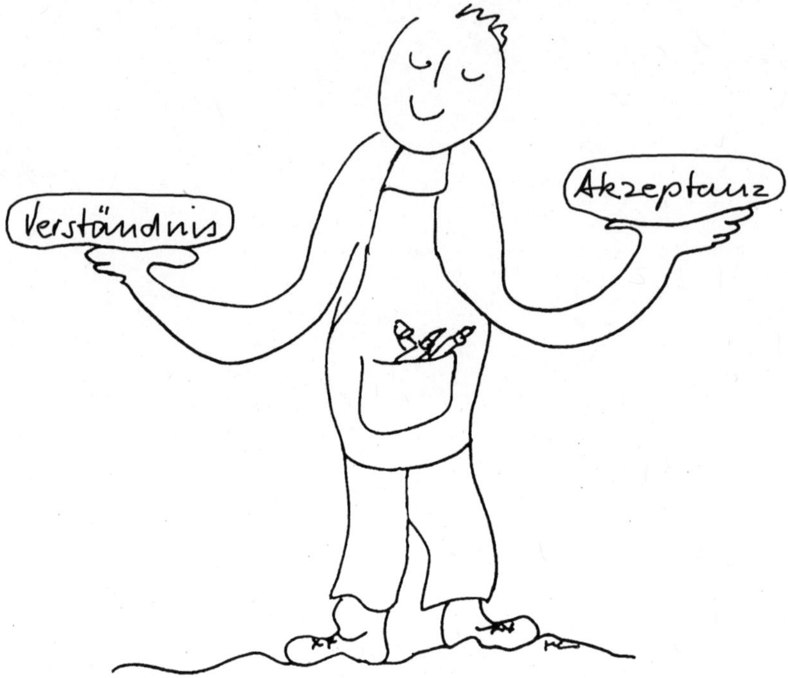

zelei gezeigt, die ich in wenigen Sekunden hingepfuscht hatte, und sie sagte genau dasselbe!"

„Meine Mutter macht das genauso!", stimmte ihre Freundin Melissa mit ein. Sie kicherten mit einem Hauch von Traurigkeit und ereiferten sich über die zweifelhafte Anerkennung ihrer Mütter. „Sie sagt sogar, ich male viel besser als mein Bruder!"

Ich hatte das Gespräch der beiden Mädchen im Flur während einer Malpause zufällig mitgehört. Zu Beginn des Kurses waren die beiden Mädchen überrascht und etwas enttäuscht gewesen, dass ich ihre Bilder nicht kommentierte, weder gut noch schlecht, aber jetzt hatten sie sich damit entspannt. Meine erwachsenen Schüler, die selbst Eltern sind, fragen mich oft: „Was soll ich meinen Kindern sagen, wenn sie mir ihre Bilder zeigen? Es ist doch nicht gut, Kommentare abzugeben. Ich möchte ihre Kreativität wirklich unterstützen."

„Worte sind verzwickt", sage ich ihnen. „Das Beste mag sein, sie zu vermeiden. Arbeiten Sie daran, Ihre Einstellung zu verändern: Die Kinder reagieren auf eine veränderte Einstellung. Können Sie Kreativität als Prozess betrachten? Können Sie darauf achten, wie sich die Kinder auf ihrer kreativen Reise bewegen, anstatt sich auf das Ergebnis ihres Malens zu konzentrieren? Können Sie vermeiden, die Kinder zu vergleichen?"

Um das herauszufinden, stellen Sie sich diese Fragen:

- Sehe ich wirklich, was die Kinder beim schöpferischen Tun durchmachen, oder nur den Schein davon?
- Ist mir bewusst, wie sehr sie ihr Herz in ihre Schöpfungen legen?
- Bin ich sensibel dafür, wie sie auf das Mysterium ihrer Intuition und ihrer kreativen Traumwelt hören?
- Sehe ich die Courage und die Schönheit in ihrem Mut, sich frei auszudrücken und zu forschen?
- Kann ich aufhören, die Werke der Kinder zu vergleichen und sie stattdessen alle für das schätzen, was sie sind?
- Kann ich den Prozess und die Erfahrungen der Kinder unterstützen, anstatt das Endprodukt mit guten oder schlechten Gedanken oder Kommentaren zu bewerten?

Oft sind keine Worte nötig, und wenn doch, reichen wenige; sie sollten nur den kreativen Prozess betreffen. Sprechen Sie über das, was Kinder über ihren Malprozess schon wissen, und zeigen Sie Ihre Anerkennung und Ihre Begeisterung.

Zum Beispiel:

- „Ich kann sehen, dass es dir Spaß gemacht hat, dieses Bild zu malen!"
- „Das war wirklich ein Abenteuer! Stimmt's?"
- „Bist du überrascht, dass du das gemalt hast?"
- „Das hat Spaß gemacht, nicht?"

Kinder wissen, dass die Schöpfung mysteriös ist, und wünschen keine Fragen über das, was sie tun. Sie lieben ihre Freiheit. Sie malen oder erschaffen, was sie *nicht* sagen *können*, was jenseits von Worten und Geschichten liegt. In meinen Kursen ist der *Augenkontakt* mit den Kindern der wichtigste Teil meiner Rolle als Begleiterin geworden. Ich achte immer darauf, dass sie wissen, ich sehe sie am Werk und bin mir der Bewegungen ihrer Gefühle beim Malen *bewusst*. Da gibt es kein Bedürfnis, irgendetwas zu sagen: Unsere Augen begegnen sich und das ist genug. Das fertige Bild ist sekundär.

Ich möchte, dass die Kinder im Herzen entdecken, dass das Wichtigste der Prozess ist. Kinder brauchen echten Kontakt und echte Unterstützung bei ihren kreativen Abenteuern. Sind sie jedoch darauf konditioniert, Kommentare zu hören, werden sie darum bitten. Wenn das alles ist, was sie bekommen können, werden sie sie einfordern. Deshalb muss die Überzeugung, das Ergebnis sei das Wichtigste beim Malen, gebrochen und durch eine echte Anerkennung des schöpferischen Prozesses ersetzt werden. Wenn Sie den Prozess der Kinder wirklich sehen und verstehen, werden Ihre Augen sagen: „Ich bin mit dir auf deiner kreativen Reise, ganz gleich was passiert, ganz gleich, was du malst oder durchmachst. *Ich bin bei dir, hier, gegenwärtig.*" Wenn der Augenkontakt nicht reicht, um Ihre Unterstützung zu kommunizieren, finden Sie Worte dafür. Folgen Sie Ihrer Intuition. Wenn Sie aus innerster Überzeugung sprechen, wird Ihr Kommentar gut angenommen werden.

Annies Mutter hatte gute, liebevolle Absichten, wusste jedoch nicht, wie man Unterstützung und Ermutigung gibt, und erreichte das Gegenteil dessen, was sie wollte. Annie konnte ihre Kommentare nicht ernst nehmen. Ihre Mutter konnte ihren kreativen Prozess nicht sehen. Das Resultat – das Produkt – wurde anerkannt, nicht aber der lebendige Prozess. Sie gab dem Werk ihres Kindes keine tiefere Aufmerksamkeit, sah nicht die Schönheit des kreativen Akts; sie sah nur Farben, Formen und Darstellungen auf einem Blatt Papier.

Verhängnisvolle Auswirkungen von Kunstwettbewerben

Das Problem mit Erfolg ist,
dass man anfängt, sich selbst zu imitieren.
UNBEKANNT

Die Versuchung, nur für das Ergebnis zu arbeiten, ist in unserer Welt riesengroß, und Kinder sind anfällig für ihre Versprechungen. Eltern und Lehrer nähren den Erfolgswunsch der Kinder häufig, indem sie ihnen vorschlagen, an Kunstwettbewerben teilzunehmen. Ich habe nicht das Gefühl, dass das gut für Kinder ist, und rate den Erwachsenen, solche Wettbewerbe zu meiden. Wenn sie für einen Wettbewerb malen, beginnen die Kinder nur noch für den Erfolg zu malen – ein kompletter Abstieg aus dem Freiraum spontaner Kunst. Warum sollte man Kinder einer derart stressigen Erfahrung aussetzen? Was immer das Ergebnis sein mag –, Kinder können nicht gewinnen, weil selbst ein Gewinn ihre Kreativität verletzt.

Heranwachsende Kinder müssen viele verschiedene Fähigkeiten erlernen, doch der kreative Prozess sollte in einem vollkommen anderen Licht gesehen werden. Beim kreativen Tun geht es nicht darum, irgendeine Fähigkeit zu entwickeln oder zu meistern, sondern darum, dass die Kinder *vollkommen* auf sich selbst gestellt und sensibel für ihre eigenen Impulse sind und handeln. Sie beginnen sich selbst kennen zu lernen, ihre inneren Ressourcen zu entdecken und aus ihrer Ganzheit zu schöpfen.

Dabei geht es nicht darum, belohnt zu werden, sondern darum, authentisch sein zu dürfen. Das macht die Kreativität zu einer sehr kraftvollen, kostbaren und notwendigen Aktivität im Leben von Kindern. Sie stärkt ihre Selbstsicherheit und hilft ihnen deshalb, die vielen Aktivitäten und Gefühle in ihrem Leben zu integrieren. Als Hüter des heiligen Raums der Schöpfung müssen wir den Kindern einen kreativen Ort bieten, an dem *kein Leistungsdruck existiert.*

Lydia, eine gesund aussehende Neunjährige, war künstlerisch sehr begabt. Ihre ästhetische Sensibilität und ihr Wunsch, sich schöpferisch zu betätigen, brachten ihre Eltern dazu, sie als zukünftige Künstlerin zu sehen. Als Neuanfängerin im Kurs hatte sie feste Vorstellungen, was sie darstellen wollte, und kämpfte sehr mit Texturen und Farbmischungen. Wie ihre Bilder aussahen, war so wichtig für sie geworden, dass es den Zugang zu ihrem spontanen Ausdruck blockierte. Trotz ihres starken Interesses an Kunst war sie ihrer kreativen Leidenschaft noch nicht begegnet.

Es brauchte mehrere Monate, bis Lydia ihre Freiheit fand, wirklich schöpferisch zu sein und zu spielen. Von da an malte sie unermüdlich mit großer Konzentration und auf berührende Weise Menschen und Szenen aus ihrem Leben. Sie liebte den Kurs und schöpfte jede Minute aus, vollkommen vertieft in ihren Malprozess. Ich war entzückt, wenn ich ihr beim Malen zuschaute.

Als der Kurs nach einer Osterpause wieder begann, überraschte sie mich damit, dass sie akribisch eine rote Rose in die Mitte ihres weißen Blattes platzierte. Sie arbeitete sehr lange daran herum und versuchte, sie so schön und realistisch wie möglich zu machen. Nach einer Stunde war sie nur noch müde und enttäuscht von sich selbst, und das machte sie so wütend, dass sie achtlos eine Zickzacklinie in den Hintergrund malte, um endlich fertig zu sein. In der nächsten Woche kämpfte sie weiter. Beim Versuch, einen japanischen Bambus zu reproduzieren, plagte sie sich mit der grünen Farbe ab, versuchte die beste Mischung und Farbkombination zu finden und überarbeitete ihren Entwurf immer wieder.

Da malte eine Lydia, die ich nicht kannte. Ihre Freude war verschwunden und mit ihr die spontanen lebendigen Bilder. Das vorher so begeisterte Kind stand plötzlich unter Druck, etwas zu leisten. Aber warum ..., warum?, fragte ich mich.

Als ich nach dem Kurs mit Lydias Mutter sprach, erfuhr ich, dass Lydia in den Osterferien an einem Malwettbewerb teilgenommen und einen Preis gewonnen hatte. Plötzlich war ihr Verhalten sonnenklar. *Lydia hatte ihre schöpferische Freiheit verloren, weil sie sich der Anerkennung anderer unterworfen hatte.* Sie versuchte, ihren Erfolg weiterzuführen, indem sie Bilder malte, die anderen gefallen würden –, Bilder, mit denen man Wettbewerbe gewinnen konnte.

Es dauerte einen weiteren Monat, bis sich Lydia in unserem sicheren Atelier wieder mit ihrer kreativen Leidenschaft verbinden konnte. Wird ihr sich entwickelnder Geist wieder abrufen können, was geschehen war, wenn sie neuerlich mit Leistungsdruck konfrontiert wird – etwas, das mit Sicherheit auf sie zukommt?

Ich hoffte, dass der Samen dieses Mal tief genug gelegt war. Mein Job als Lehrerin war es, sicherzustellen, dass ihr kreatives Pflänzchen stark genug wurde, um zukünftige Stürme zu überleben.

Gute und schlechte Farben

Wir tun nur gut,
was wir gerne tun.
COLETTE

Es gibt viele Theorien über die beste Art, Kinder beim schöpferischen Tun zu unterstützen. Die verschiedensten Techniken und Anleitungen wurden entworfen, um gute Resultate zu sichern. Solche Anleitungen funktionieren gut, wenn es um die vielen praktischen Fähigkeiten geht, die Kinder beim Heranwachsen entwickeln müssen. Immer wenn sie eine neue Fähigkeit beherrschen, fühlen sie sich bestärkt. Das ist sehr wichtig für ihre Entwicklung. Kinder werden sich mit großer Freude an das erste Mal erinnern, als sie irgendetwas alleine geschafft haben, zum Beispiel Fahrradfahren.

Doch bei der Kreativität geht es nicht darum, irgendwelche Fähigkeiten zu schulen. Kreativität sollte nie als eine Fähigkeit betrachtet werden. Tun wir das dennoch, können die Dinge, die wir den Kindern zur Unterstützung anbieten, das eigentliche Wirken der schöpferischen Kraft oftmals behindern. Wenn Kinder innerhalb bestimmter Grenzen arbeiten sollen, verlieren sie den Kontakt zu ihrer Intuition. Regeln und Techniken wirken sich immer negativ auf sie aus und rauben ihnen ihre schöpferische Kraft. Es ist schwer, sich das volle Ausmaß ihres zerstörerischen Einflusses vorzustellen. Die gute Botschaft ist, dass es mit Hilfe eines verständigen Erwachsenen *nur wenige Wochen bis zu ein paar Monaten braucht, bis Kinder ihren kreativen Geist wieder entdecken.* Dann verleiht ihnen ihre neu entdeckte Inspiration ein Gefühl echter Kraft.

Amanda, eine schüchterne, grüblerisch veranlagte Neunjährige kam in der Mitte des Schuljahres neu in den Malkurs. Sie war von der Ostküste nach Kalifornien gezogen und schien sich nur schwer an ihr neues Leben anzupassen.

Während der ersten Sitzung verkroch sie sich in sich selbst und beobachtete neugierig die anderen Kinder beim Malen. Sie rührte ihr Papier überhaupt nicht an. Als ich am Ende des Kurses die Pinsel einsammelte, um sie zu waschen, kam sie auf mich zu und sagte mit schüchterner Stimme: „In meiner Malklasse an der anderen Schule durften wir kein *Schwarz* verwenden."

„Oh! Wirklich?", antwortete ich überrascht. „Warum nicht?"

„Es ist keine gute Farbe, es ist eine Nicht-Farbe", sagte sie bestimmt.

„Nicht für mich", antwortete ich. „Ich mag Schwarz. Ich finde, es ist eine sehr intensive und kraftvolle Farbe. Ich mag alle Farben. Ich glaube nicht, dass es gute oder schlechte Farben gibt, sie sind nur alle verschieden. Hier kannst du alles verwenden, was du willst, und so viel, wie du willst. Das ist wie ein Abenteuer."

Sie blickte mich an, zuerst überrascht, dann zweifelnd. Schließlich brach ein strahlendes Lächeln auf ihrem Gesicht aus. „Alles?", wiederholte sie staunend. „Alles was ich will …?" Und ich konnte spüren, dass sie sich fragte, ob ich es wirklich meinte.

„Ja! Schau dir die anderen Kinder an. Sie erfinden mit allen Farben und manchmal verwenden sie auch Schwarz."

Amanda brauchte zwei Wochen, bis sie sich traute, ihre Farben frei zu nutzen. An jenem Tag malte sie ein tiefblaues Meer auf die untere Hälfte ihres Blattes und einen orangefarbenen Halbmond auf die obere. Sie malte eine Reflektion des Mondes in das tiefe Wasser. Plötzlich füllte sie den Himmel mit Schwarz.

Einen großen Pinsel mit schwarzer Farbe in der Hand, blickte sie mich an, unsicher und triumphierend zugleich. Sie hatte sich getraut, ein altes Tabu zu brechen und ihre Freiheit wiederzugewinnen. Sie hatte die schlechte Farbe gerettet und ihr einen Ehrenplatz auf ihrer neuen kalifornischen Palette verschafft.

Warum sollten wir die Paletten der Kinder einschränken? Trauen wir es ihnen etwa nicht zu, selbst zu spüren und zu wissen, was stimmig für sie ist? Glauben wir, wenn wir ihrer Schöpfung keine Grenzen auferlegten, würden sie zu weit gehen? Können wir uns als Eltern und Erwachsene fragen: „Was würde es bedeuten, wenn sie zu weit gehen?“ Denken Sie einen Moment über diese Frage nach. Sprechen wir hier über unsere *eigenen Begrenzungen* oder die der Kinder?

Kreativität – ein natürlicher Drang

Jeder von uns muss seinen eigenen wahren Weg beschreiten, und wenn wir das tun, wird unser Weg zu einem Ausdruck des universalen Weges.

SUZUKI ROSHI

Wenn Kinder bislang nicht dabei unterstützt wurden, die wahre Quelle ihrer Kreativität zu finden, empfehle ich, sie *unbehelligt zu lassen*, damit sie selbst entdecken, was sie können. Werden die Kinder sich selbst überlassen, ist ihre Chance, zu finden, was essenziell für sie ist, viel größer, als wenn sie in Grenzen gepresst und aufgefordert werden, feste Regeln zu beherzigen und Leistungen zu erbringen. Der schöpferische Prozess ist natürlicherweise lustvoll und verführerisch, solange ihm keine Beschränkungen auferlegt werden, die die Kinder davon abhalten, wirklich zu forschen und sich selbst auszudrücken.

Als mittleres Kind in einer Familie mit sieben Kindern war ich mir meistens selbst überlassen. Das Gute daran war, dass sich niemand in meine Kreativität einmischte. Sie wurde zu dem Ort, den ich immer aufsuchte, wenn ich Rückhalt und Kraft brauchte – mein Refugium, das mich in meiner langen Kindheit, in der ich wenig emotionale Nahrung erhielt, zuverlässig stützte. Ganz gleich, ob ich Farbstifte oder kostbare, seltene Wasserfarben nutzte, ob ich Collagen machte oder Holzstücke, Zweige, Steine und Muscheln zusammenfügte, oder ob ich in den Bergen rund um unser Haus unter den Eichen von Südfrankreich improvisierte Spiele spielte –, meine Seele erkundete meine Gefühle und meine Träume. Auf mich selbst gestellt, eröffnete meine Imagination mir wilde und mysteriöse Räume und lud mich ein, einzutreten. Hier erhielt ich meine tägliche Nahrung und durchwanderte die unermessliche Weite, hier war alles möglich.

Das Neue, das aus mir strömte, beim Entstehen zu beobachten, verlieh meinem Leben einen Anker und eine Richtung. Dieser geheime und intime Ort war mir voll und ganz zu eigen, hier fand ich die Kraft, in einer nicht besonders freundlichen Welt zu überleben. Die Kreativität rettete mich, selbst wenn ich nicht immer wusste, wie ich sie weitertragen konnte.

Die Erwachsenen interessierten sich nicht für meine Beschäftigungen, und so löste ich mich schnell von ihren möglichen Meinungen. Ich hatte das Glück, dass niemand versuchte, meine Schöpfungen zu beeinflussen, indem er sie lobte, kritisierte oder mich womöglich Techniken lehrte.

In der Schule war das anders. Dort fühlte ich mich gehemmt und fürchtete die Urteile der Lehrer, und mein Wunsch, dazuzugehören, verleitete mich gelegentlich zu Kompromissen. Zuhause aber *war ich komplett auf mich gestellt.* Dieser Aspekt war der Ausgangspunkt meiner lebenslangen kreativen Suche. Inzwischen weiß ich, was für ein Glück ich hatte, dass ich so wenig Einmischung in meine Arbeit erfuhr. Vollkommen frei entwickelte ich meine Eigenständigkeit und lernte, meiner Intuition zu vertrauen.

Die Weisheit der Eigenständigkeit

Ich habe den großen Leuten mein Meisterwerk gezeigt
und sie gefragt, ob ihnen meine Zeichnung angst mache.
Sie haben mir geantwortet: „Warum sollen wir vor einem Hut
Angst haben?“ Meine Zeichnung stellte aber keinen Hut dar.
Sie stellte eine Riesenschlange dar, die einen Elefant verdaut.

ANTOINE DE SAINT-EXUPÉRY

Kennen Sie das auch, dass Kinder einen manchmal überraschen oder peinlich berühren, weil sie die Dinge genauso aussprechen, wie sie wirklich sind? Das kommt daher, dass die Integrität ihrer natürlichen Wahrnehmung noch intakt ist. In gewisser Weise ist dies die wahre Funktion des Selbstausdrucks der Kinder: ihre Fähigkeit, direkt auf das Leben einzugehen und die Dinge wahrzunehmen, wie sie wirklich sind, zu entwickeln und zu schützen. Wenn Kinder aus einem inneren Raum der Freiheit heraus schöpferisch tätig sind, entwickelt sich ihre *spontane Weisheit* und hilft ihnen, ihre Bedürfnisse nicht zu übergehen. Sie fühlen, was wahr für sie ist, und vertrauen ihm.

„Philippe ist ein sehr netter Schüler“, erzählte mir seine Lehrerin, eine freundliche Frau mittleren Alters. „Er ist in allen Fächern sehr gut, aber leider *kann er nicht malen*.“ Mein Sohn Philippe, ein stiller und nachdenklicher Sechsjähriger, war Erstklässler in einer öffentlichen Schule in Paris, wenige Straßen von unserer Wohnung entfernt.

„Was …?“, rief ich, vollkommen erstaunt.

„In den letzten paar Monaten hat er sich geweigert zu malen“, erklärte die Lehrerin. „Ich glaube, er hat Angst davor –, Angst, dass er es nicht kann.“

Philippe hatte sich schon im Alter von wenigen Monaten schöpferisch betätigt und die Farbstifte in seine unsicheren kleinen Hände genommen. Er

hatte mir seit seiner Geburt beim Malen zugeschaut und wollte unbedingt mitmachen. Ich erinnere mich, wie er als Zweijähriger plötzlich sehr eindeutig von mir verlangte, ihm ein riesiges Blatt Papier zu geben. Ich ließ mich darauf ein und heftete ihm ein ganz besonders großes Blatt an meine Atelierwand. Er tauchte einen riesigen Pinsel in rote Farbe, ging zu dem Blatt und malte eine dicke leuchtende Linie von rechts nach links. Um von der einen zur anderen Seite des Blattes zu gelangen, musste er mehrere Schritte laufen. Sein Gesicht leuchtete vor Entzücken, als er die Geburt der langen roten Linie beobachtete, die wie magisch aus seinem Pinsel erschien. Es war ein herzerfrischender Anblick, wie er auf ein Blatt malte, das so viel größer war als er selbst. Ich war fasziniert, zum Zeugen der ekstatischen schöpferischen Erfahrung dieses kleinen Wesens zu werden.

Als Philippe in die Schule kam, sagten ihm die Lehrer, was er malen sollte, und zeigten ihm, welche Farbe er verwenden sollte und wie er sie verwenden sollte. Irgendetwas in ihm muss beschlossen haben, sich auf diese Art des Malens nicht einzulassen. Die Anleitungen müssen ihm zu fremd und zu eng vorgekommen sein und er fühlte sich nicht zu ihnen hingezogen. Mehrere Monate lang weigerte er sich systematisch mitzumachen, und keinerlei Drängen brachte seine Entscheidung ins Wanken. Er war zu sehr an seine schöpferische Freiheit gewöhnt. Sein Erfindungsprozess war sehr privat gewesen und niemand hatte ihn je getadelt oder gelobt. Irgendwo in seinem Inneren muss er gewusst haben, dass er diesen intimen und heiligen Bereich seiner eigenen Schöpfung nicht veräußern sollte. Er hat intuitiv seine Freiheit geschützt.

Wenn ein Kind die Möglichkeit erfährt, sich spontan auszudrücken, wird ein Same gelegt –, ein Same, der irgendwann in der Zukunft erblühen wird. Selbst wenn das Kind monate- oder jahrelang nicht schöpferisch tätig ist, bleibt die Erfahrung reiner Kreativität in ihm vorhanden, bereit zu erblühen.

Kritik und ihre Langzeitfolgen: eine Geschichte

Ich bin so klein, man sieht mich kaum.
Wie kann diese riesige Liebe in mir sein?
RUMI

Während meiner Lehrerkarriere sind mir oft Erwachsene begegnet, deren Kreativität aufgrund irgendeines – oft sehr frühen – Vorfalls in der Kindheit zwanzig oder sogar vierzig Jahre lang blockiert war. Das unglückliche Ereignis, im Zuge dessen sie kritisiert, komplett missverstanden oder ignoriert wurden, hatte sie gelehrt, sich für ihre Schöpfung zu schämen. Kinder sind sehr sensibel und offen, und das macht sie sehr verletzlich. Wenn ein Erwachsener (jemand, der scheinbar weiß, was richtig ist) ihnen sagt, dass sie etwas schlecht oder falsch gemacht haben, sind sie nur zu bereit, ihre Fähigkeiten anzuzweifeln. Derartige Kommentare erzeugen ein Versagensgefühl, das oft mit der Vorstellung einhergeht: *Ich kann mich nicht kreativ ausdrücken*, oder *ich kann mich zwar kreativ ausdrücken, aber nie wirklich gut*. Der kreative Geist geht verloren. Ein solcher Kommentar kann als *lebenslange* Entmutigung wirken, die den Betreffenden davon abhält, die eigene Kreativität voll zu erforschen. Viel zu häufig höre ich solche traurigen Geschichten von meinen erwachsenen Schülern.

Judith, eine ältere Frau, deren feine Züge tiefe Emotionen verrieten, rief am Ende einer Gruppendiskussion bei einem Malworkshop in New York: „Ich habe mich gerade erinnert! Ich habe mich zum ersten Mal erinnert! Es war im Kindergarten, ich muss drei Jahre alt gewesen sein ... Ich war in einem Raum mit lauter Holzstücken und Pappe und anderen Dingen und hatte gerade einen kleinen Spieltisch gebaut. Es war ein unglaubliches Gefühl. Es fühlte sich an, als hätte ich etwas Riesiges erreicht. Der Tisch kam mir immens vor, er war so lebendig und so ... über ... wältigend ... nahe ... so ... mächtig ... und ...

ich fühlte mich so groß wie ein Berg ... alles floss aus mir. Ich zitterte vor Aufregung.

Am Ende des Tages ging ich in den Flur, wo mich mein Vater abholen würde. Er hatte sich verspätet und ich war ganz allein. Der Hausmeister kam herein und ich zeigte ihm stolz meinen Tisch. ‚Das habe ich selbst gemacht', sagte ich strahlend.

Er streifte meine Kreation mit müdem Blick und fragte: ‚Was soll das denn sein?'

Ich war schockiert über seine Reaktion und fragte mich, was mit ihm wohl nicht stimmte. Als ich meinen Tisch zuhause später suchte, entdeckte ich, dass meine Mutter ihn weggeworfen hatte. Sie warf alles weg, was ich gemacht hatte!", erklärte Judith mit großer Traurigkeit.

Sie hatte begonnen zu weinen. „Ich verstehe jetzt, warum ich so viele Jahre lang nur heimlich kreativ war. In den letzten fünf Jahren habe ich gemalt, und einige gute Freunde haben gesagt, ihnen gefällt, was ich mache. Sie sagen, ich sei begabt, aber ich spüre das nicht in mir. Ja, meine Bilder sind gut gemalt und ich verstehe, warum die Leute sie mögen, aber ich habe immer das Gefühl, dass ich nicht *wirklich* bei der Sache bin, als ob irgendetwas Inneres nicht durch mich strömt. Meine Bilder halten etwas zurück, sie kommen nicht aus meinem Herzen. Ich hatte immer Angst, mir zu erlauben, aus vollem Herzen zu malen", sagte sie und starrte versonnen in ihre Vergangenheit, Tränen auf den Wangen.

Dann brach es aus ihrem Innersten hervor: „... und ich bin *zweiundsechzig! Zweiundsechzig!* Und ich kann jetzt sehen, warum ich blockiert war!", fügte sie hinzu.

Wir blickten uns schweigend an, während ich die Dreijährige dabei beobachtete, wie sie ins Leben und eine mögliche Freiheit zurückkehrte. Ich hatte gerade die dramatischen, langfristigen Konsequenzen eines Vorfalls erlebt, den sie vor so langer Zeit erlebt hatte, und konnte erkennen, wie stark er ihre Kreativität seitdem definiert hatte.

Eine Woche später erhielt ich eine E-Mail von Judith: „Im Kurs letzte Woche habe ich zum ersten Mal den Geschmack, den Klang und das Gefühl meiner *ursprünglichen* Stimme entdeckt. Ich habe mich wieder mit dem Tisch verbunden, den ich damals gebaut und verloren hatte: Ich habe ihn in mir selbst wiedergefunden. Jetzt muss ich diesen wunderbaren freien Raum in mir wieder bewohnen und zu meinem hauptsächlichen Arbeitsplatz machen. Was für ein Segen!“

KAPITEL FÜNF

Den kreativen Prozess tiefer verstehen

Dieses Kapitel zeigt, wie Eltern und Lehrer das kreative Element in Kindern nähren können, um die Tiefen der Kreativität zum Vorschein zu bringen. Es enthält

- **Grundregeln, um Kinder zum Nullpunkt zu führen.**
- **Präzise Vorschläge und Anregungen, um in speziellen Situationen mit Kindern zu arbeiten.**
- **Hinweise zum Vermeiden von blinden Reaktionen und Gedankenlosigkeit.**
- **Hinweise zum Erinnern und Anwenden der Grundprinzipien.**
- **Hinweise zum Einsatz von Kunstmaterial.**
- **Betrachtungen über die *spirituellen* Aspekte des kreativen Prozesses.**

Richtlinien für optimale Kreativität

Elf goldene Regeln

1. Behandeln Sie die Kreativität immer als *prozessorientierte* Aktivität.
2. Fordern Sie die Kinder nie auf, realistisch zu malen.
3. Sagen Sie den Kindern nie, was sie malen sollen, und geben Sie ihnen keine Modelle zum Abmalen.
4. Korrigieren Sie die Bilder der Kinder nie, und bitten Sie sie auch nie, ihre eigenen Bilder zu korrigieren.
5. *Zensieren, kritisieren* oder *loben* Sie die Bilder der Kinder nie.
6. Fragen Sie die Kinder nie, was ihre Bilder darstellen sollen oder warum sie sie gemalt haben.
7. Begegnen Sie allem, was die Kinder erschaffen, mit Achtsamkeit, Respekt und Interesse.
8. Beobachten Sie den Prozess der Kinder mit *Verständnis*. Die Kinder müssen sich gesehen fühlen.
9. *Vergleichen Sie die Bilder der Kinder nie*. Ermutigen Sie keinen Wettbewerb.
10. Wenn Kinder beim Malen um Hilfe bitten, zeigen Sie ihnen nicht, „wie man es macht". Helfen Sie ihnen, zu erkennen, dass sie alles erschaffen können, was sie wollen.
11. Würdigen Sie die Kinder für das, *was sie sind*, nicht für das, was sie tun.

Einundzwanzig Anregungen

1. Stellen Sie den Kindern nie irgendwelche kreativen Aufgaben.
2. Verwenden Sie keine urteilenden Wörter wie *gut, schlecht, schön, hässlich, Erfolg, Misserfolg, besser, schlechter.*
3. Behandeln Sie jedes Bild gleich, ziehen Sie keines einem anderen vor.
4. Erlauben Sie den Kindern nicht, ihre Bilder zu zerstören. Erforschen sie mit ihnen, ob übermalte Teile wieder zurückgebracht werden können.
5. Leiten Sie die Kinder an weiterzumalen, bis sie mit ihrem Bild *wirklich rund* sind.
6. Wenn die Kinder fertig sind, fragen Sie sie, ob sie ihren Namen auf irgendeine Weise in ihr Bild schreiben wollen –, wohin sie wollen und in jeder beliebigen Farbe.
7. Versuchen Sie nie, finstere oder gewalttätige Darstellungen zu verhindern oder auf sie zu reagieren. Sie sind Teil des kindlichen Ausdrucks.
8. Hören Sie achtsam zu, wenn Kinder Ihnen spontan über ihre Bilder erzählen, aber äußern Sie keine Meinung.
9. Verbannen Sie alle Malbücher und Bücher mit Malanleitungen.
10. Geben Sie den Kindern weißes, kein farbiges Papier zum Malen.
11. Geben Sie den Kindern qualitativ gutes Malmaterial (Pinsel, Farben und Papier).
12. Halten Sie das Angebot einfach. Überschütten Sie die Kinder nicht mit einer großen Auswahl an Materialien (Buntstifte, Kreiden, Bleistifte, Collagematerial, Linolschnitt und andere), die sie nur verwirrt.
13. Bewahren Sie als Lehrer die Bilder Ihrer Schüler bis zum Ende des Schuljahres im Atelier auf, um Kommentare seitens der Eltern zu vermeiden. Am Ende des Schuljahres veranstalten Sie ein Treffen mit den Eltern, um über den Prozess zu sprechen.

14. Hängen Sie nie irgendwelche Bilder an die Wand, den Kühlschrank oder einen anderen Ort, an dem sie sichtbar sind.
15. Reichen Sie die Bilder der Kinder nie bei irgendwelchen Wettbewerben ein.
16. Malen Sie nie gemeinsam mit den Kindern, besonders wenn diese Sie kopieren oder sich mit Ihnen vergleichen.
17. Schreiben Sie das Datum und den Namen des Kindes auf die Rückseite eines jeden Bildes.
18. Bewahren Sie die Bilder sorgsam in einer mit dem Namen des Kindes versehenen Bildermappe auf.
19. Zeigen Sie Ihre Fürsorge für die Kinder, indem Sie ihnen bei kleinen Dingen helfen: zum Beispiel eine Schürze oder einen Schuh zubinden, ihnen einen Hocker bringen oder ihr Papier mit einer Reißzwecke befestigen.
20. Bitten Sie die Kinder, die Bilder der anderen nicht zu kommentieren, um die geschützte Atmosphäre im Studio zu bewahren. Wenn ein Kind einen Kommentar äußert, können Sie es daran erinnern, dass ein Bild eine private Welt ist, die keiner stören sollte.
21. Empfehlen Sie nie eine Therapie für ein Kind, weil Sie sich über die Darstellungen in seinen Bildern Sorgen machen. Finden Sie andere Gründe, wenn Sie glauben, dass eine Therapie nötig sein könnte.

Ausnahmen: Eltern und Lehrer müssen daran denken, dass es bei einigen Vorschlägen unter bestimmten Umständen Ausnahmen geben könnte, und dass sie sich immer von ihrer Intuition leiten lassen sollten. Wer die Grundprinzipien des kreativen Prozesses verstanden hat, lehrt aus dem Herzen, nicht aus einem starren Regelwerk.

Leere Flächen füllen

Jeder perfekte Reisende erschafft selbst
das Land, in dem er reist.

NIKOS KAZANTZAKI

Eltern und Lehrer fragen oft: „Was soll ich tun, wenn die Kinder auf ihren Bildern weiße Flächen stehen lassen? Soll ich sie bitten, sie auszufüllen? Oder ist es gut, wenn um ihre Darstellungen freie Flächen bleiben?"

Was mit dem weißen Raum passiert, ist nie beliebig und hat nichts mit mangelnden Fähigkeiten zu tun. Leere Flächen in den Bildern der Kinder sind kostbare *Landmarken.* Sie sind Bezugspunkte in der Evolution ihres kreativen Prozesses. Wenn sehr kleine Kinder zu malen beginnen, ohne dass sich jemand einmischt, werden sie immer leere Flächen stehen lassen. Das ist zu erwarten und natürlich.

Wenn wir beobachten, was mit diesen weißen Bereichen passiert, stellen wir fest, dass Kinder, wenn sie eine Szene aus dem Leben malen, oft einen Boden einfügen – eine einfache braune Linie oder manchmal kleine Erdklumpen oder grünes Gras (wie in Kapitel 1 erklärt, siehe Seite 11). Der restliche Hintergrund wird leer gelassen. Später malen sie auch Gegenstände in den oberen Bereich ihres Bildes: Wolken, Vögel oder die Sonne. Dann – und erst dann – können sie den Drang verspüren, den Himmel darzustellen, oft nur mit einer kleinen blauen Linie oder mit Farbspuren.

Das Bild hat nun einen Boden, einen Himmel und dazwischen einen weiten weißen Raum. Die Art und Weise, wie der Boden und der Himmel gemalt werden, drückt aus, wie die Kinder ihre Welt erleben. Wenn sie an diesem Punkt aufgefordert werden, die weißen Flächen mit Farben zu füllen, kommt ihnen die *natürliche Evolution* ihres Prozesses abhanden. Sie werden davon abgehalten, ihre eigene Wahrnehmung zu erforschen. Der kreative Prozess wird unterbrochen und die natürliche Integration geht verloren. Ohne eine solche Einmischung drücken die Kinder spontan ihr Gefühl körperlicher Gegenwärtigkeit in der geheimnisvollen Welt von Raum und Schwerkraft aus, indem sie die weißen Flächen von Bild zu Bild *langsam* immer weiter ausfüllen. An einem bestimmten, nach wenigen Monaten bis zu zwei Jahren auftretenden Punkt ihrer Entwicklung, füllen Kinder den weißen Raum *vollkommen* mit Farben aus. Von nun an werden sie ihn spontan bei jedem Bild ausfüllen. Sollten sie das nicht tun, kann man sie sanft dazu anregen. Solange ein paar weiße Flächen übrig bleiben, weiß der Lehrer, dass das Kind nicht so weit gegangen ist wie möglich. Es ist ein Zeichen, dass sich seine Gefühle nur schwerfällig bewegen oder blockiert sind, und dass das Kind angeregt und ermutigt werden muss, tiefer zu gehen; das Kind braucht Unterstützung.

Manchmal malen die Kinder zwar keine Szenen aus dem Leben, aber der Prozess ist der gleiche. Lässt man ihnen freie Hand, werden sich die weißen Bereiche langsam füllen. Oft bemalen sie sie zuerst mit Linien oder Punkten, bis sich irgendwann eine solide Farbe ausbreitet und den gesamten Raum ausfüllt. Es ist entscheidend für die Kinder, *diesen Prozess der Aneignung des Raumes selbstständig zu durchleben, ohne dass ihnen irgendjemand Vorschläge macht oder sich irgendwie einmischt*, damit der Integrations- und Entdeckungsprozess nicht untergeht.

Wenn wir die Kinder anregen, ein Bild, das unvollständig scheint, weiter zu füllen, sollten wir ihnen *nie* irgendetwas Spezifisches vorschlagen. Es ist ihre Aufgabe, spontan zu entdecken, was als nächstes kommt. Eltern und Lehrer sollten sich mit Vorschlägen absolut zurückhalten und nie fragen: „Was könntest du DORTHIN malen?“ oder „Könntest du diese Farbe noch etwas ausweiten?“ Das würde den Sinn des kreativen Prozesses vereiteln. Die Anregungen, die wir den Kindern geben, sollten sich stattdessen darauf ausrichten, ihre Inspiration zurückzubringen und sie von da aus alleine weitergehen zu lassen. Wir sollten sie dazu anregen, sich tiefer auf sich selbst einzulassen und das Unbekannte ihrer inneren Welt tiefer zu erforschen. Mit unseren Interaktionen sollten wir ihnen helfen, ihre kreativen Muskeln zu trainieren, ohne uns je in ihren Malprozess einzumischen.

Spezialeffekte sein lassen

Die Teekanne verehren,
statt den Tee zu trinken.
WEI WU WEI

Solange Kinder glauben, Erwachsene hätten ihnen eine Menge über das Malen beizubringen, bleiben sie von ihrer Intuition getrennt. Zeigen Eltern oder Lehrer ihnen raffinierte Tricks, um *Spezialeffekte* zu erzielen, können die Kinder von deren Unterhaltungswert fasziniert sein. Sie werden immer wieder gefragt, ob sie nicht irgendwelche Tricks lernen wollen –, zum Beispiel Augen zu malen, die lächeln, oder eine bestimmte Perspektive oder Schatten oder dreidimensionale Darstellungen. Solche *Anleitungen* gibt es wie Sand am Meer. Doch alle diese Tricks oder Techniken *stören* oder unterdrücken sogar die Fähigkeit der Kinder, aus der eigenen Intuition zu malen und vom Nullpunkt aus zu erfinden. Ich rate Eltern und Lehrern, Kinder nie zu ermutigen, *mechanisch* zu malen, um irgendwelche Spezialeffekte zu erzielen oder irgendetwas nach einer Anleitung zu reproduzieren.

Ich will damit nicht sagen, dass Kinder nicht an manchen Punkten dabei unterstützt werden sollten, Farben richtig zu mischen und zu nutzen, oder den Pinsel richtig zu verwenden. Aber das sollte nur geschehen, *falls und wenn* sie es zur Entwicklung ihres Prozesses brauchen. Kinder bitten im Allgemeinen um Hilfe bei bestimmten exakten Darstellungen und wollen zum Beispiel die richtige Farbe des Sonnenuntergangs wissen. Ich bitte sie in solchen Fällen, mir die Farbe zu beschreiben, und lasse sie dann selbst experimentieren und probieren, bis sie zufrieden sind. Wenn sie wissen wollen, wie man irgendetwas Bestimmtes malt, helfe ich ihnen, die Antwort *in sich selbst* zu finden. Direkte Informationen gebe ich ihnen nur, wenn diese sehr praktisch und absolut notwendig sind.

Es ist eine wichtige Grundregel, Kindern nie zu erklären, wie sie malen sollten. Das kreative Feld sollte ein unerforschtes Land für sie sein, ein Ort,

Ich liebe mein Bild!

der nur ihnen gehört und an dem keine Eindringlinge geduldet sind. Kinder probieren jeden Trick und jede Technik aus, die man ihnen anbietet – sie glauben, das würde ihnen weiterhelfen und vergessen darüber die Schönheit und die endlose Inspiration ihrer Intuition. Das nimmt ihnen nicht nur den Kontakt zu ihrer Inspiration, sondern führt auch zu der Gewohnheit, aus dem Kopf zu malen statt aus dem Herzen. Werden ihnen solche Techniken angeboten, lernen die Kinder zu planen und Kompromisse einzugehen, und malen schließlich nur noch, um bestimmte Effekte zu erzielen. Die *Reinheit* ihres Ausdrucks kann auf diese Weise verloren gehen.

Das ist der Grund, warum Kinder in einer Sackgasse landen können, wenn man ihnen Spezialeffekte beibringt. Früher oder später verlieren solche Effekte ihren Reiz und die Kinder sind uninspiriert und entmutigt. Die zerstörerischste und tragischste Auswirkung solcher Interventionen aber ist, dass die Kinder von da an erwarten, von außen mit Anregungen versorgt zu werden, anstatt ihre Inspiration im eigenen Inneren zu finden.

Spritzer, Tropfen, Kritzeleien

Es ist gut, auf einer Reise ein Ziel zu haben, auf das man zustreben kann; letztendlich jedoch ist es die Reise selbst, auf die es ankommt.

URSULA K. LE GUIN

Eine einfache Möglichkeit, ihren Gefühlen auszuweichen, besteht für Kinder darin, schon gemalte Darstellungen mit Klecksen, Kritzeleien und Farbspritzern zu versehen. Eine Zeitlang mag ihnen das witzig erscheinen, doch schon bald werden die Kinder müde und verlieren das Interesse daran. Wir Erwachsenen haben die Aufgabe, in solchen Zeiten mit den Kindern in Kontakt zu treten und sie zu ihrem Prozess zurückzuführen.

Spritzer

„Ah! Ah!!", rief John aufgeregt und warf mit einem großen Pinsel gelbgrüne Farbe aus der Entfernung auf sein Blatt. Er hatte gerade eine Brücke gemalt, unter der leuchtend orangefarbene Kanus entlangfuhren. Jetzt landeten gelbgrüne Kleckse auf dem gesamten Bild.

„John! Du kannst nicht einfach Farbe auf dein Bild werfen! Du zerstörst es und deine Nachbarn kriegen auch was ab!" Amie, die neben ihm gemalt hatte, war schon ganz aufgeregt. Vier oder fünf kleine Kleckse waren auf ihrer sorgfältig ausgeführten Gebirgsszene gelandet.

„Ich musste das tun!", antwortete John stur. „Ein gewaltiger Sturm kommt auf!"

„Könntest du eine andere Möglichkeit finden, deinen Sturm zu malen? Könntest du irgendetwas finden, was du mit deinem Pinsel malen kannst, statt es dem Zufall zu überlassen?"

John, immer noch aufgeregt von der Katharsis seiner Farbenschlacht, hörte mir gar nicht zu.

„John, muss ich dich auf deinem Handy anrufen, damit du hörst, was ich gerade gesagt habe? Denk doch mal kurz nach. Wie könntest du den Sturm noch malen, statt dein Bild vollzuspritzen? Sag mal, wie groß ist dieser Sturm überhaupt?"

John schaute mich an. „Richtig groß!", rief er stolz. „Vielleicht könnte ich eine riesige Welle malen, die von der Seite kommt ... Sie könnte sogar einige Boote umkippen", fügte er hinzu – fasziniert von seiner neuen Idee.

Nach wenigen Minuten malte John mit großer Aufregung eine Monsterwelle. Dann wurde die Brücke von Blitzen getroffen und der Wind warf alles in die Luft. Es gab keine Notwendigkeit mehr für Spritzer.

Tropfen

„Janine, deine blaue Farbe tropft alles voll!", rief ich besorgt. Die wässrige Farbe lief aus den frisch gemalten Wolken herab. „Du hättest mich rufen können! Ich kann dir helfen, die Tropfen mit meinem Malmesser aufzuhalten."

„Ich will sie da lassen", antwortete sie, „es regnet; es regnet."

„Regen auf deinem Bild, warum nicht? Aber warum malst du ihn nicht mit deinem Pinsel, anstatt ihn zufällig heruntertropfen zu lassen? Weißt du, warum deine Farbe tropft?"

Sie zögerte und dachte eine Weile nach, dann schüttelte sie den Kopf. „Nein, ich bin mir nicht sicher. Habe ich zu viel Farbe auf meinen Pinsel getan?"

„Was glaubst du, warum dein Pinsel getropft hat? Lass es uns herausfinden." Wir gingen zusammen zu dem Tisch mit den Farben und ich zeigte ihr, was die Farben tun, wenn sie zu wässrig sind.

„Ja, ich verstehe", sagte sie mit einem ernsten Nicken.

Janine kehrte zu ihrem Bild zurück. Sie malte blauen Regen auf die eine Seite ihres Blattes und wenige Minuten später erschien plötzlich eine leuchtende Sonne auf der anderen Seite.

Kritzeleien

Tiffany malte eine rosa Frau in einem blauen Kleid. Ich bin mir nicht sicher, was passiert war, aber als ich gerade nicht hinschaute, hatte sie die Darstellung komplett mit Kritzeln übermalt.

„Oh, mein Gott!", rief ich aus. „Was ist los?" Mit ernster und verstörter Miene blickte sie zu Boden. „Ich habe alles falsch gemacht, da war nicht genug Platz für ihre Füße und Arme!"

„Tiffany, es ist niemals gut, über etwas Gemaltes drüber zu kritzeln. Es zerstört, was du schon gemacht hast, und das tut weh. Du hast keinen Fehler gemacht: Deine Frau ist einfach groß geworden, weil sie groß sein wollte – so, wie in einem Traum. Es könnte Spaß machen, gar nicht alles von dieser Frau malen zu müssen. Und wenn du wirklich mehr Platz brauchst, könnten wir noch ein Stück Papier unten ankleben, so viel Papier wie du möchtest."

Als sie hörte, dass sie noch mehr Papier ankleben konnte, entspannte sich Tiffany. Große Gefühle bewegten sich in ihr und sie hatte mehr Raum gebraucht, aber nicht gewusst, wie sie ihn finden konnte. Ihr Gekritzel war ihre Reaktion auf die Sackgasse, in der sie sich gefangen fühlte.

Noch einmal ganz von vorne zu beginnen, wird oft als Chance für einen interessanteren Anfang gesehen. Die Kinder wollen neu anfangen, wenn sie glauben, etwas falsch gemacht zu haben. Doch wann ist das stimmig? Wenn Eltern und Lehrer das Tun des Kindes aus der Sicht des Prozesses betrachten, können sie spüren, dass dieses in den meisten Fällen nicht „falsch" angefangen, sondern ein anderes Resultat erwartet hat. Das hat nichts mit Versagen zu tun. Die *Intuition* hat das Kind dazu bewegt, etwas „zu" groß oder „zu" klein oder mit einer ungewöhnlichen Form zu malen. Es ist kein Zufall.

Wenn Kinder bereit sind, das Unbekannte zu erforschen und sich auf den Prozess einzulassen, bitten sie selten darum, noch einmal von vorne anfangen zu dürfen. Solche Neuanfänge bergen eine Gefahr. Das Kind beginnt alle Anfänge mit kritischen Augen zu betrachten und das führt zu Leistungsdruck. Der Point Zero-Ansatz lehrt die Kinder, *kreativ mit schwierigen Situationen umzugehen*, anstatt blind auf sie zu reagieren. Die Erwachsenen sollten sorgfältig abwägen, bevor sie einen neuen Beginn für das Bild eines Kindes in Betracht ziehen.

Ausdruck gegenüber Katharsis

Nicht wissend, wann die Sonne aufgeht,
öffne ich jede Tür.

EMILY DICKINSON

Wir wollen, dass Kinder sich frei ausdrücken – aber wir wollen nicht, dass sie blind reagieren und Schöpfung mit Katharsis verwechseln. *Katharsis ist nicht dasselbe wie ein schöpferischer Akt –, bei ihr wird nur Druck abgelassen.* Wenn Kinder auf kathartische Weise malen, dann malen sie, als würden sie auf ein Kissen schlagen. Sie befinden sich gewöhnlich in einem Zustand der Anspannung, malen ohne Respekt für das, was sie vorher erschaffen haben, misshandeln die Pinsel und veranstalten eine Schweinerei.

Kathartische Bilder entstehen manchmal, wenn die Kinder ganz am Anfang des Malprozesses stehen. Sie fühlen sich so verloren, wenn es darum geht, ihre eigene kreative Inspiration zu finden, dass sie schnelle und wilde Kritzeleien auf das Papier werfen (nicht zu verwechseln mit den natürlichen Kritzeleien sehr kleiner Kinder bei ihren ersten Bildern). Manchmal versuchen sie sogar, ihre Hände in die Farbe zu tauchen und mit ihnen zu malen, oder sie benutzen Schwämme oder andere Hilfsmittel für schnelle und wilde Aktionen. Das ist eine Möglichkeit, nervöse Energie abzubauen, aber sie bewegen sich dabei nicht auf Point Zero, den Nullpunkt, zu. Wenn sie fertig sind, fühlen sie sich ein paar Minuten lang besser, haben aber nichts erreicht, auf dem sie aufbauen können.

Wie können wir Kinder anleiten, ihr kreatives Potenzial anzuzapfen und Point Zero zu finden, wenn sie vor nervöser Energie und Ungeduld fast platzen? Wir tun das, indem wir sie über ihre oberflächlichen Reaktionen hinaus zu sich selbst zurückbringen und ihr Interesse am freien Erfinden wecken. Wir müssen *an ihrer Seite bleiben*, bis sie einen authentischen roten Faden entdecken, dem sie folgen können. Wir können ihnen Fragen stellen, um ihr kreatives Potenzial aus seinem Tiefschlaf zu wecken.

Unsere Fragestellungen sollten immer spielerisch sein und Begeisterung für das mögliche Ergebnis wecken. Wir könnten zum Beispiel mit freudig erregter Stimme fragen:

- „Was würdest du tun, wenn du absolut alles in der ganzen Welt malen könntest, ohne dir Sorgen zu machen? Wenn du *wirklich alles* tun könntest?"
- „Was könntest du malen, wenn du ganz langsam und sorgfältig malen dürftest?"
- „Was, wenn du mit einem einzigen großen (oder kleinen) Gegenstand anfangen könntest?"
- „Was, wenn du irgendetwas aus *deinem Leben* malen könntest?"

Diese Fragen ermutigen Kinder, in sich hineinzufühlen, ohne ihnen ein bestimmtes Ergebnis aufzudrängen. Wir bieten ihnen eine allgemeine Richtung an, einen weiten Raum, konzentrieren ihre Gefühle dabei aber auf den gegenwärtigen Moment.

Natalie, eine meiner erwachsenen Schülerinnen, eine nachdenkliche, spirituelle Frau, war so von ihrem eigenen Prozess angetan, dass sie anfing, kleine Kinder zu unterrichten. Eines Tages kam sie mit einem strahlenden Lächeln in den Kurs und brachte einen Stapel Kinderbilder mit, die sie mir zeigen wollte. „Die Kinder lieben es zu malen!", rief sie aus. „Ich bin so berührt, wenn ich ihnen dabei zusehe, wie sie sich selbst ausdrücken. Sie lieben die Freiheit, die ich ihnen gebe."

Wir schauten uns die Bilder der letzten vier Wochen an, die sie chronologisch geordnet in der Mappe aufbewahrte. Die meisten von ihnen waren kathartisch. Vier Wochen lang war die Kreativität der Kinder nicht wirklich angeregt worden. Ich konnte keine Entwicklung in Richtung des Nullpunkts oder Point Zero erkennen. Die Kinder hatten ihren kreativen Strom nicht gefunden und verwechselten Ausagieren mit Ausdruck. Trotzdem waren sie glücklich, weil sie statt der üblichen Einschränkungen und Ansprüche in anderen Kursen die Erlaubnis hatten, alles auszuprobieren und Spaß zu haben.

Natalie hätte sie zu ihren Gefühlen zurückbringen können, indem sie ihnen Fragen stellte und sie anregte, langsamer zu werden. Sie hätte ihnen auch beibringen können, wie man seinen Pinsel richtig hält und wie man ihn mit der richtigen Mischung aus Farbe und Wasser füllt (die Bilder zeigten, dass die Malmaterialien nicht richtig verwendet worden waren). Allein diese beiden Empfehlungen hätten den Kindern schon weiterhelfen können. Wir müssen ihnen erklären, wie sie die Werkzeuge am besten nutzen können. Es gibt ihrer Malgeste mehr *Ordnung* und das stimuliert die kreative Energie.

Natalie musste den Kindern auch dabei helfen, ihre Bilder zu vollenden. Es wäre ihre Rolle, darauf zu achten, dass die Kinder nicht zu schnell aufhörten. Kinder können umfassender auf ihre Gefühle eingehen, wenn sie sich tiefer auf das einlassen, was sie schon gemalt haben. Wenn ich die Kinder herausfordere, auf ihren zerkritzelten Bildern weiterzumalen, sehe ich manchmal, wie in den Ecken oder an völlig unerwarteten Stellen schüchterne kleine Gestalten oder Formen auftauchen. Solche Formen zeugen von einem Kontakt mit Point Zero und sind die ersten Boten von Darstellungen, die im folgenden Bild häufig wiederholt werden. Wenn man die Kinder ihren ungeduldigen Reaktionen überlässt, wollen sie immer schneller mit ihren Bildern fertig werden und begegnen nie dem inneren Bedürfnis, ihre Traumwelt zu enthüllen und zu erforschen.

Zeigen Sie einem Kind, das sich auf den Nullpunkt zu bewegt, Ihre Ermutigung und Anerkennung durch Augenkontakt. Keine Worte sind nötig. Das Kind *fühlt sich gesehen* und ist immer mehr dazu bereit, zu forschen und zu erkunden. Wenn es so aussieht, als wären wir mit der Katharsis eines Kindes einverstanden, wird es immer so *weitermachen.* Um den Kindern eine echte Unterstützung zu geben, müssen wir erkennen lernen, wie der kreative Prozess funktioniert; wir müssen unsere Intuition nutzen und dürfen uns nie mit einer Katharsis zufriedengeben.

Starke Darstellungen erlauben

Wenn die Sinne das Verborgene wahrnehmen,
wird die unsichtbare Welt des Ganzen erkennbar.
RUMI

Ich bin entschieden gegen Gewalt. Nach der Geburt von Philippe beschloss ich deshalb, ihm nie irgendwelches Spielzeug zu geben, das seine Aggressionen wecken könnte. Als er dann zwei oder drei Jahre alt war, begegneten ihm Kinder, die mit kleinen bunten Wasserpistolen spielten. Er wollte auch eine haben. Ich weigerte mich standfest.

Eines Tages bemerkte ich, wie er im Garten auf irgendwelche Phantasieziele schoss. Ich ging auf ihn zu und sah, dass er ein kleines Stück Holz in der Hand hielt, einen Zweig, der so ähnlich wie eine Pistole aussah. Ich erkannte, wie unrealistisch meine Hartnäckigkeit gewesen war und kaufte ihm die gelbe Wasserpistole, die er sich schon so lange wünschte. Die Spielzeugpistole half ihm, die Intensität seiner Gefühle zu verarbeiten und auszudrücken.

Als kleiner Mensch in dieser Erwachsenenwelt voller Mysterien zu leben, kann manchmal ganz schön anstrengend sein – und Philippe hatte eine Menge auszudrücken und zu erforschen. Ich hätte seine spielerischen Bedürfnisse nicht wörtlich nehmen sollen. Dieses Spielzeug hat zugegebenermaßen auch nie Wut oder Gewalttätigkeit in ihm geweckt. Ich unterstütze kein Kriegsspielzeug, das real zu Gewalttätigkeit anregen könnte, aber an jenem Tag im Garten tat es mir leid, dass ich so lange gebraucht hatte, um den unschuldigen Bedürfnissen meines Sohnes zu vertrauen.

Die Erfahrung kam genau zur richtigen Zeit, denn als ich begann, Malunterricht zu geben, konnte ich den Traumbildern der Kinder entspannt begegnen, selbst wenn sie Frustration und Zorn ausdrückten. Ich konnte starke und gewalttätige Darstellungen in den Bildern erlauben. Ich machte mir keine Sorgen darum und nahm sie auch nicht wörtlich, das heißt, ich sah sie nicht

als Probleme. Ich sah nur das Bedürfnis, Druck abzulassen und alles zu erforschen (siehe Bilder 18–22). Ich wusste, die Bilder waren Darstellungen der Traumwelt, und die Traumwelt braucht starke Bilder und unbekannte Verkleidungen. Ich achtete darauf, den Kindern keinerlei Einschränkungen aufzuerlegen und ihren spontanen Ausdruck nicht zu zensieren. Es war meine Aufgabe, ihren natürlichen Instinkten und der *wohlwollenden Kraft* der Kreativität zu vertrauen. Ich fand heraus, dass ein reiner kreativer Prozess nie zu weit geht und nie zu gefährlichen Situationen führt. Deshalb konnten die Kinder in meinem Atelier die außergewöhnliche Freiheit spüren, wirklich alles auszudrücken und zu erforschen. Sie hatten die Erlaubnis, sie selbst zu sein. Meine jungen Malschüler entwickelten ihre Kraft und ihr Selbstbewusstsein auf den verschlungenen Wegen des Erwachsenwerdens. Sie wurden stiller und glücklicher, weil der Druck in ihrem Leben jetzt einen Weg gefunden hatte, sich zu lösen und konstruktiv zum Ausdruck zu kommen. Ihre Frustration und ihre Wut konnten sich in spontanen Schöpfungen äußern, anstatt zu explodieren und gefährliche Verhaltensweisen zu fördern.

Ein Malatelier aufbauen

Der Verstand kann nicht die Rolle des Herzens übernehmen.
FRANÇOIS DE LA ROCHEFOUCAULD

Kinder können in vielen verschiedenen Setups malen. Hier einige Ideen, die Ihnen helfen können, Ihren Atelierraum einzurichten. Sie brauchen keine perfekte Einrichtung; je nach Gegebenheit werden Sie vielleicht improvisieren müssen. Das wichtigste Motto: *Alles sollte einfach gehalten und auf die Kinder abgestimmt sein.*

Mal-Orte oder Ateliers können sehr einfach eingerichtet und trotzdem sehr praktisch sein. Wenn Sie nicht den idealen Platz zur Verfügung haben, denken Sie daran, dass es die Prinzipien der Kreativität und der Geist der Methode sind, was wirklich zählt.

Setup für Zuhause für ein bis zwei Kinder

Einen Platz finden: Eine Wand funktioniert genauso gut wie eine Staffelei. Sie können sie mit weißen Faserplatten abdecken und die Bilder mit Reißzwecken befestigen, oder Sie verwenden Pappe, auf die Sie das Papier kleben können. Sie können auch einen Malplatz schaffen, indem Sie eine Wand mit Paketpapier oder Plastik abdecken und Malerkrepp oder Reißzwecken verwenden, um das Papier festzumachen. Ich empfehle, dass die Kinder im Stehen malen. Es erhöht ihr Durchhaltevermögen und erlaubt ihnen, größere Blätter zu verwenden. Besorgen Sie eine Klemmlampe, um das Papier zu beleuchten und einen kleinen Tisch oder ein Regal für Pinsel und Farben. Schützen Sie den Fußboden mit einem Teppichrest oder einem Stück Packpapier.

Verwenden Sie Eiswürfelbehälter oder Muffin-Backformen als *Paletten*: Jede Vertiefung bietet Platz für eine andere Farbe. Füllen Sie die Vertiefungen nur halb. Ich empfehle Farben auf Wasserbasis wie Tempera/Gouache. Stellen Sie den Kindern mindestens acht Farben zur Verfügung – je mehr, desto besser.

Wenn Kinder eine Palette verwenden, achten Sie darauf, dass die Farben nicht vermischt oder verschmutzt werden. Die Palette sollte immer sauber sein. Wenn eine neue Farbe gebraucht wird, mischen Sie sie an einer neuen Stelle: Schraubdeckel aus Metall funktionieren sehr gut.

Stellen Sie zwei *Kunststoff- oder Wassergläser* mit Wasser auf den Maltisch – eines für *Pinsel* mit dunkler Farbe, das zweite für *Pinsel* mit heller Farbe. In einem weiteren Glas könnten verschieden große Pinsel aufbewahrt werden. Stellen Sie die Pinsel immer mit den Borsten nach oben. Pinsel sollten nie auf ihren Borsten stehen.

Stellen Sie mehrere Pinsel in verschiedenen Größen bereit, auch eine sehr kleine Größe für Details. Ich empfehle tropfenförmige Pinsel mit einer feinen Spitze.

Nutzen Sie eine *Sprühflasche*, um eingetrocknete Farben anzufeuchten. Halten Sie *Küchenrollen* und *Lappen* bereit, sowie ein *abgerundetes Messer* zum Mischen der Farben. *Eine Schürze mit Taschen* ist immer hilfreich.

Wenn die Malsitzung zu Ende ist, *besprühen Sie die Palette* mit Wasser und decken Sie sie mit Plastik ab. Dann stellen Sie sie in den *Kühlschrank*, um jederzeit frische, gebrauchsfertige Farbe zur Verfügung zu haben. Die Farbe bleibt mehrere Monate – sogar ein Jahr lang – nutzbar, wenn sie feucht gehalten wird.

Anstelle von Temperafarben kann man auch Wasserfarben, Marker, Kreide und Filzstifte nehmen. Weitere Informationen über das richtige Material finden Sie im Anhang.

Atelier-Setup für angeleitete Malkurse

Dies ist ein sehr effizientes Setup, ich habe es sehr häufig genutzt. Der französische Erzieher Arno Stern, der die Kreativität von Kindern erforscht und eine eigene Methode entwickelt hat, entwarf es vor einigen Jahrzehnten. Sein ideales Malstudio besteht aus einem rechteckigen kleinen Raum mit einem langen, schmalen Farbtisch in der Mitte. In die Tischplatte sind zwei Dutzend Gläser eingelassen, jedes mit einer anderen Farbe, und neben jeder Farbe steht ein Glas Wasser (siehe letzte Fotoseite). Neben jeder Farbe liegen auch drei verschieden große Pinsel. Großformatiges Malpapier (50 × 70 cm) wird an die Wände geheftet. Die Kinder malen im Stehen und gehen vom Papier zum Tisch und wieder zurück, um sich die Farbe und den Pinsel zu holen, die sie brauchen. Das ist ein sehr praktisches System, weil die Pinsel nie gewaschen werden müssen; sie enthalten immer dieselbe Farbe und werden nach dem Gebrauch an ihren Platz zurückgelegt. Wenn die Malfläche zu klein wird, können die Kinder weitere Blätter an ihr Bild ankleben.

Atelier-Setup für Zuhause für mehrere Kinder

Lesen Sie die obige Beschreibung durch und schauen Sie, inwieweit Sie dieses Setup zuhause umsetzen können. Bereiten Sie einen einzigen Farbtisch vor, den die Kinder gemeinsam zu nutzen lernen – das könnte ein kleiner Tisch sein, der in die Mitte des Raumes gestellt wird. Neben jedem Farbbehälter (runde Plastikbecher à 100 ml funktionieren sehr gut) sollte es einen Wasserbehälter geben, der 200 ml fasst. Neben jeder Farbe liegen drei Pinsel, die nach der Verwendung gleich wieder zurückgelegt werden.

Eine Garage eignet sich gut für diesen Zweck, aber Sie können auch die Ecke eines größeren Raumes oder eine Veranda als Atelier nutzen. Bedecken Sie den Boden mit alten Teppichen oder Teppichresten. Achten Sie auf gute Lichtverhältnisse, damit die Kinder ihre Augen nicht überanstrengen, und stellen Sie sicher, dass die Malsitzung ruhig und ohne Störungen ablaufen kann. Nehmen Sie die Bilder von den Wänden und legen Sie sie zur Seite, bevor jemand anderes den Malraum betritt, damit gar nicht erst die Gelegenheit entsteht, die Werke zu kommentieren und zu kritisieren.

Um eine Studio-Atmosphäre zu kreieren, vermischen Sie die Malstunden nie mit anderen Aktivitäten: Diese spezielle Zeit sollte nur für das Malen reserviert sein. Je nachdem, wie alt die Kinder sind, sollten Sie die Malsitzungen am Anfang auf eine halbe bis eine Stunde begrenzen. Später kann diese Zeit auf zwei Stunden ausgeweitet werden. Ein Erwachsener sollte die ganze Zeit bei den Kindern bleiben und sich um Ordnung, Struktur, Unterstützung und Inspiration kümmern. Jedes Kind sollte eine eigene Bildermappe haben, in der es seine Werke aufbewahrt. Die Kinder fühlen sich sicher, wenn sie wissen, wo ihre Bilder sind.

Kunstmaterialien richtig nutzen

Ordnung im Atelier vermittelt ein Gefühl von Sicherheit und Unterstützung.

MICHELE CASSOU

Um die Macht der Kreativität erforschen zu können, brauchen Kinder *klare Grenzen* und eine gute Organisation im Atelier. Ein sicheres Umfeld erlaubt es ihnen, sich auf das tiefe Mysterium des Unbekannten einzulassen. Die Erwachsenen sollten darauf achten, wie die Kinder mit den Malmaterialien umgehen, und ihnen helfen, sie *richtig* zu verwenden. Es kann sein, dass Sie manche Anweisungen mehrfach *wiederholen* müssen, bis sie für die Kinder selbstverständlich werden.

Die Kinder müssen verstehen, dass die einfachen, praktischen Regeln auf einem einzigen Prinzip basieren: *Behandelt euer Handwerkszeug so, dass es gut funktioniert und lange hält.* Wenn die Kinder verstehen, warum sie etwas *nicht* tun sollen, werden ihnen die Forderungen der Erwachsenen nicht willkürlich, sondern sinnvoll vorkommen. Zum Beispiel:

„Meine rote Farbe ist braun geworden!", rief Annie enttäuscht.

„Was glaubst du, warum das passiert ist?", fragte ich sie.

Annie dachte eine Weile nach und erkannte dann, dass die darunter liegende schwarze Farbe noch nicht trocken war.

„Annie, du musst dein Bild schräg von der Seite anschauen. Wenn die Farben glänzen, heißt das, sie sind noch nicht trocken. Dann musst du warten. Du kannst deinen Kopf schräg legen und schauen. Dann wirst du sehen, dass die Farbe immer glänzt, wenn sie noch nicht trocken ist."

Kinder sollten angeleitet werden, ihre Malwerkzeuge zu respektieren und sich gut um sie zu kümmern. Sie müssen verstehen lernen, wie man die Pinsel am besten benutzt und wie kostbar sie sind. Anders, als viele denken, brauchen die Kinder gute Malmaterialien und keine Billigprodukte, um in ihrer Kreativität vollkommen aufzugehen. Sie haben noch nicht so eine gute Kontrolle über den Pinsel wie ein Erwachsener. Ein qualitativ hochwertiger Pinsel folgt jeder Geste und übersetzt die Bemühungen des Kindes bis in die subtilsten Feinheiten. Ein gut geführter, mit der richtigen Farb-Wassermenge gefüllter Pinsel erlaubt es dem Kind eher, auf zufriedenstellende Weise zu malen. Ein Pinsel von schlechter Qualität kann den Gesten nicht wirklich folgen. Er bewegt sich nicht, wie er es soll, und das kann sehr entmutigend sein. Kinder brauchen das Beste.

Kinder sollten lernen, den Farbtisch sauber und klar zu halten, indem sie die Pinsel immer an den richtigen Platz zurücklegen und sie nur für die Farben verwenden, zu denen sie gehören. Wenn sie einen Fehler machen, sollten sie es dem erwachsenen Leiter sofort erzählen und ihm helfen, alles wieder aufzuräumen.

Wenn ein Kind einen speziellen Farbton braucht, mischen Sie ihn separat an. Um zu lernen, wie man Farben mischt, kann das Kind eine winzige Farbmenge auf eine Fingerspitze und die andere Farbe auf eine Fingerspitze der anderen Hand streichen und dann die beiden Finger aneinander reiben. Oder es verwendet ein kleines Gefäß und ein Malmesser. So kann es erforschen, wie man seine eigenen Farben mischt, und erst wenn es die Farbmischung gefunden hat, die es sucht, trägt es sie auf sein Bild auf. Das ist viel sicherer und genauer, als das Mischen der Farben auf dem Papier, und das Kind lernt, welche exakte Farbmenge gebraucht wird, um die Farbe zu erzielen, die es haben will. Ich bitte die Kinder immer, nur dann eine neue Farbe zu mischen, wenn sie sie wirklich brauchen. Sonst könnten sie die gesamte Sitzung damit zubringen, Farben zu mischen und sich vor der kreativen Leere zu drücken.

Wir erklären den Kindern nur bei praktischen Dingen, *wie etwas gemacht wird* – also nur, wenn es um Fragen des Malmaterials geht, und nie sonst. Eltern und Lehrer sollten nie den intimen Raum eines Kindes betreten, der ihrer eigenen Intuition vorbehalten ist.

Diese Art der praktischen Aufmerksamkeit erschafft die notwendige Struktur und lässt die Kinder spüren, dass die Erwachsenen sich fürsorglich um sie kümmern. Ordnung und Struktur auf der physischen Ebene geben den

Kindern ein sicheres und freundliches Umfeld, das es ihnen erlaubt, sich voll auf ihre Kreativität einzulassen.

Neulich bat ich meine zweijährige Enkelin, ein Experiment zu versuchen und ihren Pinsel anders zu halten. Sie warf mir einen finsteren Blick zu und drückte ihren Pinsel noch stärker aufs Papier. Nachdem sie sich meine verlockenden Erklärungen jedoch ein paar Minuten lang angehört hatte, wuchs ihr Interesse, es auszuprobieren. Sie nahm ihren Pinsel so in die Hand, wie ich es ihr vorgeschlagen hatte, *malte ohne allzu viel Druck* und nur mit der Spitze und füllte den Pinsel *jedes Mal*, bevor sie neue Farbe aufnahm, mit Wasser. Sie lächelte, begeistert über das Resultat. Der Pinsel malte jetzt vollständige, weiche Linien statt Kratzspuren. Ihr Pinsel hatte seine Power gefunden, weil er ihren Gesten folgen konnte. Wenige Momente später beobachtete ich, wie sie ihre erste Form malte (sie hatte bislang nur gekritzelt und gekleckert), einen mysteriösen, wohlgeformten Umriss.

Es ist wunderbar für Kinder, ihre Werkzeuge im Griff zu haben. Der kompetente Umgang mit dem Material verstärkt und stimuliert die Macht ihres Ausdrucks.

Der spirituelle Aspekt der Kreativität

Lass den Wassertropfen, der du bist,
zu einhundert mächtigen Seen werden.
RUMI

Aus der Quelle zu schaffen heißt, die Ebene des Geistigen zu betreten. Ich meine damit keine religiöse Überzeugung, sondern die Fähigkeit, die größeren Dimensionen im eigenen Inneren zu berühren. Reine Kreativität weckt den Wunsch in uns, die unbekannten Dimensionen unseres Lebens zu erforschen und eine größere Perspektive des immensen Universums zu schauen.

Kinder sehnen sich genauso wie Erwachsene danach, sich voll und ganz einzusetzen und das Geheimnis des Lebens zu erforschen. Kleine Kinder haben einen wachen Sinn für das Mysterium und einen angeborenen Kontakt zum Geistigen, und wenn sie lernen, ihre Intuition zu nutzen, bleiben ihnen diese Qualitäten erhalten. Kreativität verleiht ihrem Leben eine Kraft, die so grundlegend und solide ist, dass sie wahrhaftig verändert, wie sie sich selbst und ihre Welt wahrnehmen. Mehr Raum wird erschaffen und sie entwickeln Vertrauen in die Lebenskraft und in die größere Macht, die sie erschaffen hat.

Die Point Zero-Methode berührt alle Aspekte im Leben eines Kindes und erlaubt ihm, nicht nur in seine Gefühle einzutauchen, sondern *den Kontakt mit dem Unbekannten wiederherzustellen.* Sie hält Geist und Herz offen und bereit, sich dem fortlaufenden Rätsel der Existenz zu stellen, und sie richtet das Herz auf das Geistige aus. Auf der praktischen Ebene fördert sie die Entwicklung eines weniger urteilenden Charakters, der eher dazu bereit ist, mit den Dingen zu fließen und offen auf unerwartete Situationen einzugehen.

Die Point Zero-Methode bezieht sich nicht nur auf das Malen; sie kann auf jede kreative Tätigkeit angewendet werden. Sobald wir die Grundprinzipien der Kreativität verstanden und verinnerlicht haben, können wir sie täglich in unseren Interaktionen mit Kindern nutzen. Sie unterstützen Kinder dabei, ihre Intuition einzusetzen, und sich selbst zu vertrauen und in allen Teilen des Lebens frei auszudrücken. Ganz gleich, ob Kinder schreiben, tanzen, gärtnern, kochen, musizieren, Sport oder andere kreative Aktivitäten betreiben: Sie werden eher dazu neigen, ihre eigene Stimme und ihre Stärke zu finden, wenn sie die Point Zero-Methode anwenden. Bei jeder dieser Aktivitäten kann der Erwachsene fragen: „Was würdest du jetzt tun, wenn du deinen Gefühlen folgen könntest? Wenn du spontan erfinden könntest? Wenn du vertrauen könntest?" So wird das Kind dazu ermutigt, von innen her zu forschen und kreativ mit Hindernissen umzugehen.

Das Verhalten der Kinder verändert sich, weil sie bei allem, was sie tun, spontan ihre Kreativität einsetzen. Ihre Sicht des Lebens erweitert sich und das gibt ihnen größere Sicherheit und Begeisterung. Durch Kreativität beginnen die Kinder, das immense Potenzial in sich selbst zu erkennen. Wenn sie sich unterstützt von Erwachsenen mit der Quelle der Kreativität vertraut machen, können sie sich beim Heranwachsen auf diesen endlos weiten und mysteriösen Ort verlassen und ihn immer wieder aufsuchen. So wird Kreativität zu einem unschätzbaren Werkzeug, das sie ihr Leben lang nutzen können, ein Mittel, das ihnen hilft, die Herausforderungen und Ansprüche ihres Lebens mit Leidenschaft, Weisheit und Seelenstärke zu meistern.

Wenn Erwachsene die tiefgreifende Wirkung der schöpferischen Kraft im Leben eines Kindes sehen, erinnert sie das oft an ihr eigenes kreatives Potenzial. Sie fühlen sich plötzlich davon angezogen, selbst zu malen, in Freiheit zu malen, für den Prozess zu malen und nicht für das Ergebnis. Ihr Bedürfnis nach Selbstausdruck und Selbsterforschung wird ihnen wieder bewusst. Inspiriert, sich auf ihren eigenen kreativen Prozess einzulassen, folgen die Erwachsenen den Kindern auf dem Fuße. Dann durchströmt und beseelt die kreative Leidenschaft die Welt der Erwachsenen genauso wie die Welt der Kinder.

ANHANG

Kunstmaterialien und Bezugsquellen

Der Malprozess ist nicht an bestimmte Materialien gebunden, aber für Kinder nutze ich am liebsten leicht zu vermalende, schnell trocknende Farben auf Wasserbasis.

Tempera- oder Gouachefarben eignen sich sehr gut für den Malprozess. Sie sollten von guter Qualität sein und kosten nicht viel. Wenn Sie schon andere Farben besitzen, können Sie versuchen, sie zu verwenden. Manche Kinder mögen Wasserfarben, aber ich halte sie für zweite Wahl. Sie decken nicht so gut wie Temperafarben und die Verwendung von so viel Wasser ist für Kinder oft eine Ablenkung.

FARBEN

Die Kinder brauchen mindestens sechs Grundfarben, um zu beginnen: Weiß, Rot, Blau, Grün, Gelb und Schwarz. Die Farben können miteinander gemischt werden, um weitere Farben zu erzeugen. Wenn Sie sich sechs weitere Farben leisten können, nehmen Sie Hellblau, Orange, Braun, Violett, Hautfarbe und Magenta. (Hautfarbe, Hellblau und Braun werden von Kindern sehr viel verwendet.)

Für Kurse empfehle ich sechs weitere Farben: Pink, Hellviolett, Gebrannte Siena, Grau, Ocker, Gelbgrün, Dunkelrot und Dunkelgrün.

PINSEL

Ich empfehle Ihnen, gute Pinsel zu verwenden, die, wenn sie gut behandelt werden, viele Jahre halten. Achten Sie darauf, *keine Pinsel zu kaufen, die für Acrylfarben gedacht sind*. Sie sind zu hart, saugen zu wenig Farbe auf, geben die Farbe nicht gut ab und passen nicht wirklich zu Temperafarben.

Kaufen Sie keine eckigen oder flachen Pinsel. *Die Pinsel sollten tropfenförmig und spitz sein*, damit Kinder beim Malen ihre Linien kontrollieren können.

Am günstigsten sind Pinsel aus Synthetikfasern wie die „da vinci" Cosmotop Spin-Serie (z.B. Größe 1, 4, 8, 14) oder andere gute Aquarellpinsel aus Synthetikfasern.

Die Pinsel von Askia (Serie 100) sind spitz, tropfenförmig und dafür, dass sie aus Naturhaar bestehen, sehr günstig. Wählen Sie drei bis vier verschiedene Größen, zum Beispiel 0, 4, 8 und 12.

Die „Französischen Aquarellpinsel" von boesner haben sich über die Jahre sehr bewährt, sie sind im Verhältnis zu den Askia-Pinseln aber teuer. Es gibt sie aus Fehhaar oder aus einer Kombination aus Fehhaar und Synthetikfasern.

Auch jeder andere Aquarellpinsel mit einer akkuraten Spitze, der die Farbe gut hält, ist geeignet.

PAPIER

Geschäfte für Kunstbedarf führen viele Papiersorten. Das Papier sollte *weder zu strukturiert, noch zu glatt* sein. Vermeiden Sie Papier, das zu viel oder zu wenig Farbe aufsaugt.

Eine weitere Option ist Druckerkarton ab 200 g und etwa 50 x 70 cm groß. Sie können ihn in jeder örtlichen Druckerei/Schnelldruckerei in Paketen zu 100 oder mehr Bögen kaufen. Das Zeichenpapier von dorée (170 g, sehr großes Volumen) gibt es im Kunsthandel in Bögen zu 50 x 70 oder 70 x 100 cm. Im Internet werden Sie viele verschiedene Papiersorten und Bezugsquellen finden.

Viele Großhandelsfirmen für Kunstmaterialien haben einen Webshop. Sie können dort per E-Mail, aber auch telefonisch bestellen. Zwei davon sind:

Boesner: www.boesner.com (viele Filialen in Deutschland, einige auch in Österreich und der Schweiz)

Gerstäcker: www.gerstaecker.de (mehrere Filialen in Deutschland und Frankreich sowie in Österreich)

Danksagungen

Mein herzlicher Dank geht an Jeremy Tarcher für seine unermüdliche Begeisterung, seine Sorgfalt und Unterstützung beim Entstehen und Überarbeiten dieses Manuskripts, sowie sein wertvolles Verständnis für und Vertrauen in meine Arbeit. Ich danke auch meiner ersten Lektorin Sue Mann, die dieses Projekt von Anfang an mit ihren nützlichen und inspirierenden Vorschlägen unterstützte, sowie meiner zweiten Lektorin Terri Hennessy.

Mein Dank gilt auch allen lieben Freunden, die die Geburt dieses Buches begleitet haben: Diane Hullet, die das Manuskript mehrfach durchgesehen hat; Barbara Rifkin, Carol Levow, Margrit Haeberlin, Nan Holmes, Bob McIntyre, Lynn Newman, Samantha Borinstein, Graham Best und Carol McIntyre für ihre liebevolle Ermutigung und Unterstützung; und George Rosenfeld für seine Hilfe bei den Illustrationen und dem Buchcover.

Auch Arno Stern, der mich in meiner Jugend dazu inspiriert hat, mit Kindern zu arbeiten, möchte ich viele Male danken. Er ließ mich an seinen Entdeckungen über die Kreativität von Kindern teilhaben und erlaubte mir, im Kinderatelier mitzumalen –, eine Erfahrung, die mich auf meinen kreativen Abenteuerweg brachte.

Ich schicke meinen Dank an meinen Sohn Philippe, meine zwei Enkelinnen und all die vielen Kinder, die mir erlaubt haben, mit ihnen zu arbeiten und dieses Buch zu ermöglichen.

Und am allermeisten danke ich dem kreativen Prozess, der meine Schüler und mich selbst mit so viel Freude, Leidenschaft und Begeisterung erfüllt hat.

Über die Autorin

Ich wurde in Südfrankreich in eine Familie mit sieben Kindern geboren. Als Jugendliche zog ich nach Paris, wo ich Jura, Literatur und Kunst studierte. Nach einigen verzweifelten Versuchen, mich dem Kunstausbildungssystem anzupassen, musste ich einsehen, dass die traditionellen Kunstschulen nichts für mich waren. Zu meiner Enttäuschung hatte ich in den verschiedenen Kunstkursen, an denen ich teilnahm, keine Möglichkeit gefunden, das wahre Potenzial meiner Kreativität zu erforschen. Ich hatte meinen Selbstausdruck nicht gefunden, noch hatte ich je das Mysterium der Schöpfung berührt.

„Michele, Malen ist nichts für Sie", hatte mein letzter Kunstdozent verkündet. Traurig gab ich das Malen auf, und damit meinen lebenslangen Traum, mich den bildenden Künsten zu widmen. Da ich anscheinend kein Talent zum Malen hatte, entschied ich mich, zu lernen, wie man die Kreativität von Kindern unterstützt. Ich hatte vom *Free Expression Studio* Arno Sterns im Zentrum von Paris gehört, wo Kinder malen konnten, ohne zensiert oder irgendwie beurteilt zu werden, und es hatte meine Neugier und mein Interesse geweckt.

Als ich zum ersten Mal dieses wunderbare Kunstatelier betrat, um den Kindern zuzuschauen – es waren vierzehn Kinder im Alter von fünf bis fünfzehn Jahren – hatten sie schon zu malen begonnen. Ich war so berührt von dem, was ich sah, dass ich in Tränen ausbrach. Kreativität floss durch den Raum, real, fast greifbar. So viele Jahre lang hatte ich mir eine Ausbildung gewünscht, aber in jenem Moment erkannte ich endgültig, *dass ich keine Anleitungen brauchte, sondern Freiheit und Spontaneität*. Ich erkannte die immense Notwendigkeit, meiner eigenen Intuition zu vertrauen.

In der Begegnung mit jenen Kindern fand ich einen echten Ausgangspunkt für meine kreative Suche. Ich wusste: Das ist es, was ich so viele Jahre gesucht habe. Es war keine unmögliche Fantasie gewesen, sondern eine offensichtliche, solide, reale Möglichkeit: Endlich hatte meine Leidenschaft einen Ort gefunden, an dem sie wachsen konnte.

Ich wollte sofort in diesem Studio mitmalen, wollte eines der Kinder sein, jenseits der Erwachsenenwelt der Kunst mit ihren Regeln und Erwartungen. Ich wollte mir selbst die Erlaubnis geben, ganz meinem kreativen Instinkt zu folgen. Ich wollte auch alles über die Kreativität lernen, was ich von diesem ungewöhnlichen Mann, Forscher und Erzieher lernen konnte.

Obwohl ich die einzige erwachsene Schülerin war, akzeptierten mich die Kinder freundlich als eine von ihnen. Ich malte jeden Tag mit ihnen, und das über mehr als drei Jahre. Schon bald fand ich meine Ausdrucksfreiheit. Meine Kreativität war endlich nicht mehr eingeschränkt; sie explodierte und meine Leidenschaft wurde so groß, dass ich nicht aufhören konnte zu malen. Die Kreativität berührte mein ganzes Wesen: Sie veränderte mein inneres Leben, die Art und Weise, wie ich mich sah, und mein äußeres Leben, die Art und Weise, wie ich mich auf die Welt bezog. Sie veränderte alles: Durch die Kreativität hatte ich meine innere Stimme gefunden.

Von Anfang an machte mich der brennende Wunsch, meine Entdeckungen zu teilen, zu einer Lehrerin – oder richtiger, zu einer *Ent-Lehrerin*, wie ich mich selbst gerne nenne. Ich experimentierte zuerst mit kleinen Kinder- und Erwachsenengruppen bei mir zuhause. Dann unterrichtete ich in einem Sozialzentrum in Paris. Später zog ich nach Kanada, wo ich an Schulen, Gemeinschaftszentren und Heimen für körperlich und geistig eingeschränkte Kinder unterrichtete. Ich arbeitete auch einige Jahre mit Studenten an der Universität von Ottawa. Als ich in die USA zog, nannte ich meine Arbeit „The Painting Experience“ und leitete zwölf Jahre lang zusammen mit einem Kollegen ein Studio mit diesem Namen (heute wird unter jenem Namen eine *andere* Lehrmethode angeboten). Meine Arbeit heißt jetzt die Point Zero-Methode. Über die Jahre hatte ich das Privileg, tausende von Schülern zu *ent-lehren*, Kinder und Erwachsene, und ich habe mit Begeisterung ihren Eintritt in das große Abenteuer der Schöpfung beobachtet.

Meine Lehre hat sich aus meinem eigenen Malprozess und dem Beobachten meiner Schüler entwickelt. Die Malgeschichten in diesem Buch haben sich im Laufe der Jahre in verschiedenen öffentlichen und privaten Ateliers und Schulen zugetragen. Ganz gleich, ob ich unterrichte oder male: Meine Begeisterung ist grenzenlos, *weil wahre Kreativität alles, was sie berührt, frisch und neu macht*. Bis zum heutigen Tage entdecke ich immer wieder neue Tiefen in dem geheimnisvollen und faszinierenden Prozess, der mein Leben erfüllt hat.

Michele Cassou, eine leidenschaftliche Künstlerin, hat mehr als 5000 Bilder gemalt und mehrere Videos von ihrer Arbeit erstellt. Sie ist international für ihre bahnbrechende Erforschung der spirituellen Dimensionen des kreativen Prozesses bekannt. Sie unterrichtet die Point Zero-Methode derzeit unter dem Namen „Michele Cassou Painting Workshops" und hält Vorträge in der San Francisco Bay Area, am Esalen Institut, am Open Center for Learning in York City, am Mabel Dodge Luhan House in Taos, New Mexiko, und an vielen anderen Orten in den USA und Europa. Sie lebt in San Rafael, Kalifornien.

Kontaktinformationen

Für Informationen über Point Zero-Malworkshops, Bücher (wie *Point Zero – Creativity without Limits*[1], *Life, Paint and Passion, Teachers that Dare* und die Hefte *The Question Book*[2] und *The Buddhist Art Doctor*[3]) sowie Audio- und Videopräsentationen (wie *Birth of a Process, Point Zero – Insights and Images*[4], *Awakening of the Mystic* und *Body, Sexuality and Spirit*) wenden Sie sich bitte an:

www.michelecassou.com

Als begleitende Inspiration zu diesem Buch empfiehlt die Autorin ganz besonders die DVD *The Flowering of Childrens' Creativity* (nur auf Englisch erhältlich). Hier wird mithilfe von über hundert Kinderbildern die Evolution kreativer Prozesse dokumentiert.

1 Dt.: „Point Zero - entfesselte Kreativität" (Aurum Verlag)

2 In manchen Point Zero-Kursen auf Deutsch erhältlich

3 Dt.: „Wer malt hier eigentlich?" (Aurum Verlag)

4 Ein ins Deutsche übersetzter Video-Vortrag zum selben Thema ist z.B. bei Auditorium Netzwerk erhältlich